Carola Hoffmann (Hrsg.)

# *Mein großes GuteNachtBuch*

Mit Bildern
von
Wolfgang Freitag

Pattloch

Die Deutsche Bibliothek – CIP-Einheitsaufnahme
Ein Titelsatz für diese Publikation ist bei
Der Deutschen Bibliothek erhältlich

Gedruckt auf chlorfrei gebleichtem Papier.

© 2002 Pattloch Verlag GmbH & Co. KG, München
Ein Unternehmen der Verlagsgruppe Droemer-Weltbild

Umschlaggestaltung: Daniela Meyer, München,
unter Verwendung einer Illustration von Wolfgang Freitag
Lektorat: Michael Schönberger
Satz und Layout: Ruth Bost, München; gesetzt aus Sabon
Reproduktion: Repro Ludwig, A–Zell a. See
Druck und Bindung: Appl, Wemding
Printed in Germany

ISBN 3-629-00928-X

# *Vorwort*

Rattata … Rattata so macht das Lieblingsspielzeug von Moritz, das er verzweifelt einen ganzen Nachmittag lang sucht und kurz vor dem Einschlafen findet – oder war das schon ein Traum?

Auch Mia ist sich nicht sicher ob sie wacht oder träumt, trifft sie doch auf ein ängstliches Gespenst, das gerne Marmeladenbrot isst. Und was soll da Lotte erst sagen? Sie beobachtet am nächtlichen Himmel ein wildes Himmelsdrachenfest.

Bekannte Autoren schreiben ganz neue phantasievolle Geschichten und Märchen, die weiterträumen lassen. Aber es gibt auch Beiträge, die Ihrem Kind helfen alltägliche Erfahrungen zu verarbeiten: Jonas zieht zum Beispiel in ein neues Haus, das er zunächst gar nicht mag, und Sandra schläft zum ersten Mal ohne Eltern bei Oma und Opa.

Neben diesen modernen Geschichten stehen klassische Gedichte von Friedrich Schiller oder Johann Wolfgang von Goethe. Wiegenlieder von Matthias Claudius, Clemens Brentano oder Rainer Maria Rilke stimmen auf die Abendstunden ein. Tierfabeln des griechischen Dichters Aesop regen zum Nachdenken an.

Dieses Buch enthält eine bunte Mischung aus witzigen, poetischen, märchenhaften und nachdenklichen Geschichten. Auch ihr Kind wird sein Lieblingsstück darin finden.

Ich widme dieses Buch meinen beiden Kindern Anna-Lena (6 Jahre) und Paul (4 Jahre). Sie waren mir beim Finden der richtigen Geschichten eine große Hilfe.

*Carola Hoffmann*

# Inhalt

## Kapitel I: Der Mond steht am Himmel

## Kapitel II: Mein Tag geht zu Ende

# Kapitel III: Tiere zur Schlafenszeit

# Kapitel I

## *Der Mond steht am Himmel*

# Der Stern

*I*m Sommer verbrachten die Kinder einige Zeit an der Küste des Meeres. Jeden Tag spielten sie am Strand, jede Nacht guckten sie nach den Sternen, und sie kamen darauf, dass es die gleichen waren wie daheim über ihrem Haus auf dem Berg.

Aber eines Nachts war plötzlich ein neuer Stern da. Peter bemerkte ihn zuerst. Es musste ein ganz besonderer Stern sein! Weder über dem Berg noch über dem Meeresstrand war er zu sehen gewesen. Wie Peter ihn entdeckte, trug sich so zu: Die Kinder fuhren zu ihrem Haus zurück; zuerst mit einem Schiff, dann, als es schon Zeit zum Schlafengehen war, mit einem Eisenbahnzug. Es war schon ganz dunkel, und ringsum gab es viele Menschen, die alle durcheinander redeten und viel Lärm machten. Auch der Zug machte viel Lärm, er pfiff und pustete: „Schnell, schnell, schnell!"

Und alle Leute beeilten sich.

Peter hatte im Gedränge die Mutter an der Hand gepackt und fühlte sich sicher. Nur konnte er nicht sehen, wohin es ging, denn um ihn herum standen lauter Erwachsene, und er sah vor sich nichts als Knie und Füße, Füße und Knie. Da schaute er zum Himmel hinauf.

„Oh!", schrie er so laut, dass die Leute zu ihren Füßen hinunterblickten, um zu sehen, woher die Stimme kam. Auch die Mutter dachte, dass etwas ganz Besonderes geschehen sein müsste. Sie warf schnell einen Blick zu Peter hinunter und fragte: „Was ist los, Peter?"

„Ich sehe einen Stern!", rief Peter mit seiner lauten, hellen Stimme. Er sah ihn durch das kleine Loch, das die großen Leute über ihm freigelassen hatten. All die vielen Leute blieben eine Weile stehen und schauten ebenfalls zum Himmel hinauf. Und alle sahen den Stern, der wunderbar leuchtend über ihnen funkelte. Und alle waren einen Augenblick ganz still. Und in die Stille hinein sagte Peter: „Das ist mein Stern."

Pearl S. Buck

# Der Ball, der frische Luft brauchte

Nachts, wenn die Menschen schlafen, werden alle Spielsachen lebendig. Und so passierte einmal in einem Kinderzimmer folgende Geschichte: Der Ball wurde krank. Er konnte plötzlich nicht mehr springen. Wenn man ihn gegen eine Wand warf, rutschte er sie nur langsam hinunter. Wenn man ihn auf den Boden warf, sah es aus, als klebte er dort fest. Er blieb einfach liegen.

„Was ist mit dir los?", fragten ihn die anderen Spielsachen. „Wenn du dich so benimmst, werden die Kinder nicht mehr mit dir spielen."

„Ich bin müde, ich bin so schrecklich müde", antwortete der Ball.

„Früher bist du zwanzigmal hintereinander gesprungen."

„Ich kann nicht mehr. Ich kann mich kaum bewegen."

„Der Ball ist krank, der Ball ist krank", ging es durch das ganze Kinderzimmer. Da kamen alle Spielsachen und versuchen ihm zu helfen. Ein Auto gab ihm einen Stoß, aber der Ball rollte nur einen Zentimeter vom Fleck.

„Armer Ball!", sagte das Auto. „Früher sprang er bei solch einem Stoß einen Meter hoch."

Der Ball begann zu weinen. „Ich bin so müde. Ich lasse mich ins Wasser fallen und dann ertrinke ich."

„Lieber Ball", sagte der Teddybär, „lass uns lieber zu einem Puppendoktor gehen."

„Du brauchst sicher Vitamine oder frische Luft", meinte eine Puppe, die wie eine Krankenschwester angezogen war. „Lass uns schnell zu einem Doktor gehen."

„Ich werde euch fahren", sagte das Auto, „dann braucht sich der arme Ball nicht zu bewegen."

Alle waren einverstanden. Der Teddybär setzte sich ans Steuer des Autos, der Ball setzte sich neben ihn und die Krankenschwesterpuppe lief voran, um ihnen den Weg zu zeigen.

So kamen sie zum Puppendoktor. Er war gerade damit beschäftigt, einer Puppe ein neues Bein anzunähen.

„Was habt ihr auf dem Herzen?", fragte er.

„Der Ball ist schwer krank. Er kann nicht mehr springen", sagte die Krankenschwesterpuppe.

„So so! Dann wollen wir mal nachsehen."

Der Doktor beklopfte den Ball von allen Seiten. Dann meinte er: „Das ist nicht so schlimm. Er braucht nur frische Luft."

Der Puppendoktor nahm eine Pumpe, suchte bei dem Ball den Bauchnabel und pumpte frische Luft in ihn hinein.

„Schon fertig!", sagte er und ließ den Ball aus seinen Händen auf die Erde fallen. Der Ball sprang sofort hoch, einmal, zweimal, dreimal, viermal und rief: „Ich bin nicht mehr müde! Hopp! Ich kann wieder springen! Hopp, hopp, hopp!"

Vor Freude sprang der Ball immer höher. Er sprang den ganzen Weg bis nach Hause vor den anderen her.

*Dimiter Inkiow*

14

# Wiegenlied

Singet leise, leise, leise,
singt ein flüsternd Wiegenlied,
von dem Monde lernt die Weise,
der so still am Himmel zieht.

Singt ein Lied so süß gelinde,
wie die Quellen auf den Kieseln,
wie die Bienen um die Linde
summen, murmeln, flüstern, rieseln.

*Clemens Brentano*

# Ein kleiner Eisbär

*E*igentlich sollte Martina schlafen. Aber
weil sie so durstig ist, muss sie wieder
aufstehen. Auf nackten Füßen tapst sie in
die Küche. Sie findet ein Glas, stellt sich
auf die Zehenspitzen und dreht den
Wasserhahn auf. Da zupft jemand an
ihrem Nachthemd.
„Was ist?", fragt Martina.
Ein kleiner Eisbär steht neben ihr.
„Mir ist es hier zu warm", sagt er. „Ich würde gern im Kühlschrank
schlafen."
„Mach doch", sagt Martina.
„Ja, aber ich krieg die Tür nicht auf", sagt der Eisbär.
Martina öffnet die Kühlschranktür und lässt den Eisbären hinein.
„Träum schön", sagt sie.
Dann tapst sie zurück in ihr Zimmer. Sie rollt sich im Bett zusammen
und schläft augenblicklich ein.

*Gina Ruck-Pauquèt*

# Sofie und der Mondzwerg

*S*ofie ist ganz stolz auf ihre Mondrakete. Sie hat sie aus Pappkartons
gebaut und mit bunter Farbe bemalt. Die Rakete sieht wunderschön aus.
Das finden Mama und Sofies Teddybär auch.
„Komm, Teddybär, wir fliegen zum Mond!", ruft Sofie.
Sie steigen ein. Die Rakete startet. Sie fliegt höher und höher.
„Sofie, wo bist du?", ruft Mama.

16

„Teddybär und ich sind gerade auf dem Mond gelandet!", ruft Sofie.

Mama holt das große Fernrohr und schaut zum Himmel. „Ich kann euch sehen. Wann kommt ihr wieder zurück?", fragt Mama.

„In fünf Minuten landen wir!", antwortet Sofie.

Als Mama einige Zeit später wieder ins Kinderzimmer geht, ist die Rakete bereits gelandet.

„Da bist du ja wieder!", ruft Mama und nimmt Sofie ganz fest in den Arm.

„Auf dem Mond ist es wunderschön. Da gibt es ganz hohe Berge. Teddybär und ich sind auf den höchsten Berg geklettert. Von dort aus konnten wir zur Erde hinabschauen. Wir haben sogar unser Haus gesehen. Und dich konnten wir auch sehen. Du hast in der Küche gestanden und Abendbrot gemacht", sprudelt es aus Sofie heraus.

Mama lacht. „Hast du denn auch gesehen, was es zum Abendbrot gibt?", fragt sie.

Sofie lacht verschmitzt. „Ich glaube, es waren Pfannkuchen!", ruft sie.

Richtig, zum Abendbrot gibt es Pfannkuchen mit Äpfeln und Zimt. Mmmh, das schmeckt!

Als Sofie später in ihrem Bett liegt, hört Mama sie auf einmal weinen.

„Teddybär ist fort!", schluchzt Sofie. Mama und Sofie suchen das ganze Kinderzimmer ab. Doch sie können Teddybär nirgendwo entdecken.

„Bestimmt habe ich ihn auf dem Mond vergessen!", jammert Sofie.

Mama sitzt noch lange an ihrem Bett und tröstet sie. „Er kann nicht spurlos verschwunden sein. Wenn er tatsächlich noch auf dem Mond ist, fliegst du morgen hin und holst ihn", sagt sie. Sofie liegt noch lange wach und denkt an ihren Bären. Doch plötzlich traut sie ihren Augen nicht. Mitten auf ihrer Rakete sitzt ein kleiner Zwerg. Auf seiner Zipfelmütze leuchten viele bunte Sterne.

„Hallo, Sofie! Ich bin der Mondzwerg. Heute habe ich dich und deinen Teddybären auf dem Mond gesehen. Als ich nach euch gerufen habe, war die Rakete schon wieder gestartet. Und weil ich euch beide so gern wiedersehen wollte, habe ich mich schnell auf den Weg zu Erde gemacht", erzählt der Mondzwerg.

Da beginnt Sofie wieder zu weinen. „Mein Teddybär ist fort. Ich kann ihn nicht mehr finden. Vielleicht ist er ja noch oben auf dem Mond. Bestimmt fühlt er sich einsam ohne mich", schluchzt sie.

Der kleine Mondzwerg überlegt, wie er Sofie helfen kann.

„Lass uns gemeinsam zum Mond fliegen und deinen Bären suchen", schlägt er vor. Sofie ist überglücklich.

„Wir fliegen mit meiner Rakete. Die ist schneller als deine", meint der Mondzwerg.

Die Rakete des Mondzwergs steht vor dem Haus. Die beiden steigen ein. Und schon saust die Rakete los. Kurz bevor sie den Mond erreicht, wird sie langsamer. Dann landet die Rakete. Als Sofie und der Mondzwerg aussteigen, werden sie sofort von vielen kleinen Sternenkindern umringt.

Die kleinen Sterne staunen über Sofie. Denn sie haben noch nie ein Menschenkind gesehen.

„Schön, dass du gekommen bist!", sagt der größte Stern.

Und dann erzählt Sofie den Sternenkindern von ihrem verlorenen Teddy-bären.

„Lasst uns auf den höchsten Berg fliegen. Von dort aus haben wir die beste Aussicht. Wenn dein Teddybär noch auf dem Mond ist, wirst du ihn von dort oben sehen", schlägt der große Stern vor.

Er nimmt Sofie und den Mondzwerg auf seinen Rücken und schwebt zum Gipfel des Berges empor. Von hier oben kann man tatsächlich den ganzen Mond überblicken und bis zur Erde hinab schauen. Aber Sofie, der Mondzwerg und der große Stern können den Teddybären nirgendwo entdecken. Er bleibt verschwunden. Der große Stern nimmt sein großes Fernrohr. Er schaut direkt in Sofies Kinderzimmer hinein.

„Ich sehe etwas!", ruft der Stern.

„Lass mich mal schauen!", bittet Sofie.

Sie ist ganz aufgeregt. Als sie durchs Fernrohr schaut, sieht sie ihren Teddybären. Er schaut aus dem Fenster der Rakete und winkt ihr zu.

18

Dann fällt es Sofie wieder ein. Der Teddybär war eingeschlafen, als die Rakete wieder im Kinderzimmer landete. Und dann hat sie ganz vergessen, wo sie Teddybär zuletzt gesehen hatte.

„Danke, lieber Mondzwerg, danke lieber Stern! Ihr habt mir geholfen, meinen Bären wieder zu finden. Ihr seid richtige Freunde. Mein Teddybär und ich werden euch bald wieder besuchen, ganz bestimmt!", verspricht Sofie.

Schnell klettern der Mondzwerg und Sofie in die Rakete und fliegen zurück zur Erde. Sie landen vor Sofies Haus. Da steht auch schon der Teddybär in der Tür. Sofie rennt auf ihn zu. Sie umarmt ihn und gibt ihm einen dicken Kuss.

„Hallo, Teddybär, schön dich kennen zu lernen!", sagt der Mondzwerg. Teddybär reicht ihm seine Bärentatze.

„Schade, dass ich nun zurückfliegen muss", meint der Mondzwerg.

„Macht nichts, morgen fliegen wir mit unserer Rakete wieder zum Mond. Und dann sehen wir uns, ganz bestimmt", verspricht Sofie.

Teddybär und Sofie winken dem Mondzwerg noch lange nach, als er mit seiner Rakete davon fliegt. Doch nun husch ins Bettchen, ihr beiden! Es wird Zeit zum Schlafengehen!

*Margret Nußbaum*

19

# Mondraketenputzfrauenkaffeegeschichte

Frau Nelly Armstark war eine Mondraketenputzfrau. Auf einer Mondraketenabschussbasis in Sibirien polierte sie seit neunundvierzig Jahren Düsenantriebe auf Hochglanz, wusch Raumanzüge sternenweiß bei 90 Grad und wischte Mondstaub. Jedes Mal, wenn ein paar Kosmonauten wieder ins All flogen, kochte Frau Nelly Armstark für jeden Weltraumpiloten zehn große Thermoskannen Kaffee – den besten Raumfahrerkaffee, den es überhaupt gibt. Darin waren sich alle Kosmonauten einig. Weil Nelly Armstark schon so lange Raketen putzte, wusste sie über Sterne und Mondfahrzeuge besser Bescheid als der Mondraketenabschussbasisgeneral persönlich. Der General aber ließ sie trotzdem nur drei Dinge tun.

„Erstens haben sie Raketen zu putzen, zweitens Kaffee zu kochen und drittens zählen sie jetzt rückwärts von zehn, damit die Rakete abgeschossen werden kann!", befahl er.

„Zehn – neun – acht –", begann Nelly Armstark.

„Halt, Frau Armstark! Haben Sie auch an den Kaffee gedacht?", unterbrach sie der General.

„Natürlich, Herr General!", antwortete Nelly Armstark gehorsam und fragte vorsichtig: „Ist die Rakete auch vollgetankt, Herr General?"

„Ach ja!", räusperte sich der General, an dessen Uniformjacke neunundsechzig Orden hingen. Die Rakete wurde aufgetankt und Nelly Armstark musste noch einmal von vorne zählen: „Zehn – neun – acht – sieben – sechs – fünf – vier – drei – zwei – eineinhalb – eins – abrakadabra, Ringelreihe, auf die Plätze, fertig, los!" Die Rakete schoss den Sternen entgegen.

Nelly Armstark sah dem Raumschiff und ihren Thermoskannen mit sehnsüchtigem Blick hinterher. Als sie mal ein junges Ding war, wollte sie auch Kosmonautin werden. Nur hatte sie in Mathe eine Fünf und das reichte leider nur zur Mondraketenputzfrau.

In einer Vollmondnacht nahm Nelly Armstark ihren ganzen Mut zusammen. „Herr General", sie zitterte ein wenig, „nächste Woche putze ich bei Ihnen seit fünfzig Jahren Raketen. Darf ich wohl einmal mit zum Mond fliegen? Ich könnte unterwegs auch frischen Kaffee kochen. Der schmeckt doch viel besser als immer nur aus der Thermoskanne!"

„Was? Fünfzig Jahre schon?", der General staunte. „Dann wird's ja höchste Zeit, dass Sie erstens ab morgen in Pension gehen, zweitens einen Mondraketenputzfrauenorden bekommen und drittens jetzt einen Kaffee kochen." Wie Nelly Armstark traurig feststellte, hatte der General von einer Mondfahrt nichts gesagt. Als der Mondraketenabschussbasisgeneral und seine Kosmonauten Feierabend hatten und Nelly Armstark ganz alleine noch ein letztes Mal Mondstaub wischte und Kaffee kochte, perlte ihr eine mondrunde Träne über die Wange. „Ich wäre so gerne mal mitgeflogen." Und wie sie so an den Mond dachte, hatte sie aus Versehen schon zehn große Thermoskannen Kaffee gekocht. „Das reicht ja bis zum Mond!", fiel ihr auf.

Und dann fiel ihr etwas ein.

Nelly Armstark schlüpfte in einen Raumanzug, den sie erst am Morgen sternenweiß bei 90 Grad gewaschen hatte, und trug alle zehn Thermoskannen in die Privatmondrakete des Generals. Dort drückte sie auf den roten Knopf, auf den auch immer die Kosmonauten drücken, wenn sie zu einer Mondreise abheben.

Und so flog Nelly Armstark endlich zum Mond.

Unterwegs, nach ungefähr fünf Thermoskannen, entdeckte Nelly Armstark noch einen neuen Planeten und genau beim letzten Tropfen der zehnten Thermoskanne landete sie auf dem Mond, wo auch gerade ein paar Kosmonauten Picknick machten. „Frau Armstark!", jubelten die Raumfahrer. „Kochen Sie uns einen frischen Kaffee?" Da klingelte das

Funkgerät in der Privatmondrakete des Generals. „Frau Armstark!", dröhnte die Stimme des Mondraketenabschussbasisgenerals aus dem Lautsprecher. „Ich dachte, Sie sind in Pension, und jetzt sind sie auf dem Mond?!"

„Ich will noch nicht in Pension, Herr General", sagte Nelly Armstark, „hier muss erst mal kräftig Mondstaub gewischt werden."

„Ach ja", räusperte sich der General, „erstens haben Sie Mondstaub zu wischen, zweitens möchte ich, wenn Sie damit fertig sind, meine Privatmondrakete wieder, und drittens sind Sie hiermit zur Mondkaffee-generalin befördert." Und dann kochte Frau Nelly Armstark den Welt-raumpiloten auf dem Mond erst einmal frischen Kaffee. Den besten Weltraumfahrerkaffee, den es überhaupt gibt, darin waren sich alle Kosmonauten einig. Noch heute machen alle Kosmonauten, egal, wohin ihre Raketen auch unterwegs sind, immer einen Abstecher auf den Mond, zur Mondkaffeegeneralin Nelly Armstark. Vor lauter Kaffee kochen kommt Nelly Armstark kaum zum Mondstaub wischen und hat deswegen auch noch keine Zeit gehabt, dem Mondraketenabschussbasis-general seine Privatmondrakete zurückzubringen. Deswegen will der General demnächst persönlich auf eine Tasse Raumfahrerkaffee vorbei-kommen und seine Privatmondrakete wieder holen – wenn er erstmal in Pension ist.

Auch ihr könnt Nelly Armstark auf eurer nächsten Reise zum Mond besuchen. Aber vergesst nicht, ihr ein Päckchen Kaffee mitzubringen.

*Stephan Geesing*

# Der Schneider beim Mond

Es war einmal ein Schneider, der wanderte weit umher. Eines Tages kam er bis zum Mond. Der Mond war sehr erfreut über den Gast. „Es friert mich nämlich immer so", sagte er, „ganz besonders in den kühlen Nächten. Da könnt' ich einen warmen Rock gut gebrauchen. Willst du mir einen nähen?"

Der Schneider nahm gleich Maß. Der Rock war bald fertig, und er stand dem Mond ganz vortrefflich.

Aber o weh! Der Mond fing an zuzunehmen. Von Tag zu Tag wurde er dicker. Der Schneider musste den Rock ständig weiter machen, und er hatte viel Arbeit damit. Aber er schaffte es.

Und was geschah dann? Jetzt nahm der Mond ab. Täglich wurde er magerer, und der Rock schlotterte ihm schließlich um den Leib. Der arme Schneider kam kaum nach mit dem Auftrennen und Engermachen.

Schließlich – nach drei Wochen, hatte er Ruhe; da legte sich der Mond nämlich schlafen und war ein paar Tage und Nächte überhaupt nicht zu sehen. Das benutzte der Schneider. Still und heimlich verschwand er aus dem Mondland und machte sich wieder auf die Wanderschaft.

*Ludwig Auerbach*

# *Abendlied*

Der Mond ist aufgegangen,
die goldnen Sternlein prangen
am Himmel hell und klar;
der Wald steht schwarz und schweiget,
und aus den Wiesen steiget
der weiße Nebel wunderbar.

Wie ist die Welt so stille
und in der Dämmrung Hülle
so traulich und so hold!
Als eine stille Kammer,
wo ihr des Tages Jammer
verschlafen und vergessen sollt.

Seht ihr den Mond dort stehen?
Er ist nur halb zu sehen
und ist doch rund und schön!
So sind wohl manche Sachen,
die wir getrost belachen,
weil unsre Augen sie nicht sehn.

So legt euch denn, ihr Brüder,
in Gottes Namen nieder,
kalt ist der Abendhauch!
Verschon uns, Gott, mit Strafen
und lass uns ruhig schlafen
Und unsern kranken Nachbar auch!

*Matthias Claudius*

25

# Der Sandmann verschläft

Der Sandmann liegt auf seiner Traumwiese gleich hinterm Glasberg und schläft tief und fest. Er schnarcht dabei so sehr, dass alle Tiere, die hier oben bei ihm wohnen, herbeieilen, um zu sehen, was los ist.

„Es scheint ihm gut zu gehen", murmelt das Murmeltier Bodo. „Er lächelt im Schlaf."

„Sicher träumt er etwas Schönes", meint Henry, der Igel und strahlt glückselig den schlafenden Sandmann an.

„Träume hin oder her. Wir müssen ihn wecken. Es ist schon höchste Zeit", gibt Dietmar, der Dachs, zu Bedenken.

Und er hat Recht. Es ist wirklich höchste Zeit. Die Sonne steht bereits als großer, orangefarbener Ball ganz tief am Horizont und jammert: „Ich muss unbedingt weiterziehen, die Anderen warten schon auf mich."

Und auf der gegenüberliegenden Seite mault der Mond in Richtung Sonne: „Verschwinde endlich oder muss ich dich erst anschieben?"

„Ich würde ja so gerne untergehen", antwortet die Sonne, „aber der Sandmann hat heute noch keinen Traumsand gestreut und auf der Erde sind alle Kinder noch munter und lustig. Sie können ohne Traumsand einfach nicht einschlafen – und ich kann nicht untergehen."

Ja, das war wirklich eine schlimme Sache! Die kleinen und auch die etwas größeren Kinder hatten wie immer um diese Zeit ihre Zähne geputzt, sich Hände und Gesicht gewaschen, den Schlafanzug angezogen …, aber als sie dann in ihren Betten lagen, konnten sie einfach nicht einschlafen. Die armen Eltern mussten eine Gute Nacht Geschichte nach der anderen vorlesen, aber müde, ja müde sind ihre Kleinen dabei nicht geworden. Und so toben und schreien sie in ihren Kinderzimmern herum, dass sich die Eltern die Ohren zuhalten und nicht mehr ein noch aus wissen.

Man kann den Lärm und das Geschrei der wilden Kinder sogar bis hinter den Glasberg hören, aber der Sandmann schläft so tief und fest auf seiner

Traumwiese, dass er nicht aufwacht. Und auch ein kräftiges Rütteln von Dietmar Dachs hilft nicht.

„Es muss etwas geschehen. Der Sandmann muss sofort aufwachen", meint der Igel.

„Aber wie bloß? Was sollen wir denn tun?", fragt Bodo Murmeltier.

„Wir schütten ihm einfach einen Eimer kaltes Wasser ins Gesicht", meint Dietmar.

„Das ist ja schrecklich", jammert Henry.

Die drei Freunde sitzen vor dem schnarchenden Sandmann und überlegen und grübeln. Da ruft Bodo Murmeltier:

„Ich weiß was wir tun können. Der Sandmann ist doch kitzlig. Wir kitzeln ihn einfach wach. Du, Dietmar, kitzelst ihn mit deinem buschigen Schwanz einfach an der Nase und Henry soll zu einer Stachelkugel werden und wie ein Ball an den Fußsohlen des Sandmanns hin- und herrollen. Ich puste auf seinen Bauch. Auf drei geht's los. Seid ihr bereit?"

„Ja", schreit Henry begeistert und rollt sich zusammen und Dietmar stellt sich so, dass sein Schwanz genau unter der Nase des Sandmanns liegt.

„Na dann eins … zwei … drei … und los!!!"

Sie rollen und kitzeln und pusten – und es funktioniert. Der Sandmann lächelt erst, dann immer mehr und schließlich lacht er lauthals und wacht auf und hält sich den Bauch vor Lachen.

„Aufhören, aufhören", presst er hervor.

„Er ist wach", rufen die Anderen und führen einen Freudentanz auf.

„Was macht ihr denn mit mir?", fragt der Sandmann.

„Du hast verschlafen und wir haben dich geweckt", meint Bodo stolz.

„Verschlafen, wie kann denn so etwas passieren?" Der Sandmann denkt eine Weile nach und dann fällt es ihm wieder ein: „Jetzt weiß ich's. Gestern abend, als ich von den Kindern zurückgekommen bin, habe ich in meinen Sack mit Traumsand geschaut. Ich wollte wissen, ob ich noch genügend Sand habe. Und genau in diesem Augenblick musste ich niesen, direkt in den Sand hinein. Dabei flog mir soviel Sand in die Augen, dass ich sofort eingeschlafen bin."

„Ja und du hast die ganze Nacht und den ganzen Tag geschlafen. Und jetzt warten alle auf den Traumsand. Alles ist schon ganz durcheinander", meint Henry.

„Na, dann muss ich mich aber beeilen." Der Sandmann steht auf, sucht sich die schnellste Wolke am Himmel und rast davon.

Die Sonne kann endlich untergehen. Der Mond kann endlich aufgehen. Und jedes Kind bekommt in dieser Nacht seinen Lieblingstraum.

*Carola Hoffmann*

# Zum Einschlafen zu Sagen

Ich möchte jemanden einsingen,
bei jemandem sitzen und sein.
Ich möchte dich wiegen und kleinsingen
und begleiten schlafaus und schlafein.
Ich möchte der Einzige sein im Haus,
der wüsste: die Nacht war kalt.
Ich möchte horchen herein und hinaus
in dich, in die Welt, in den Wald.
Die Uhren rufen sich schlagend an,
und man sieht der Zeit auf den Grund.
Und unten geht noch ein fremder Mann
und stört einen fremden Hund.
Dahinter wird Stille. Ich habe groß
die Augen auf dich gelegt;
und sie halten dich sanft und lassen dich los,
wenn ein Ding sich im Dunkel bewegt.

*Rainer Maria Rilke*

# Der süße Brei

Es war einmal ein armes, frommes Mädchen, das lebte mit seiner Mutter allein, und sie hatten nichts mehr zu essen. Da ging das Kind hinaus in den Wald. Darin begegnete ihm eine alte Frau, die wusste seinen Jammer schon und schenkte ihm ein Töpfchen. Zu dem sollt' es sagen: „Töpfchen, koch!", so kochte es guten, süßen Hirsebrei, und wenn es sagte: „Töpfchen, steh!", so hörte es wieder auf zu kochen.

Das Mädchen brachte den Topf seiner Mutter heim, und von nun an waren sie nicht mehr hungrig und aßen süßen Brei, sooft sie nur wollten. Einmal war das Mädchen ausgegangen, da wurde die Mutter hungrig und sprach: „Töpfchen, koch!" Da kochte es, und die Mutter isst sich satt. Nun will sie, dass das Töpfchen wieder aufhören soll, aber sie weiß das Wort nicht. Also kocht es fort, und der Brei steigt über den Rand heraus und kocht immerzu, die Küche und das ganze Haus voll, und das zweite Haus und dann die Straße, als wollt's die ganze Welt satt machen. Endlich, wie nur noch ein einziges Haus übrig ist, da kommt das Kind heim und spricht nur: „Töpfchen, steh!" Da steht es und hört auf zu kochen, und wenn jemand wieder in die Stadt wollte, so musste er sich durchessen.

*Brüder Grimm*

30

31

# Das Gespenst

Mia hatte keine Angst. Fröhlich flogen ihre Zöpfe auf und nieder, wenn sie auf der Schaukel saß und die Zehenspitzen fast die Blätter der Bäume berührten.

„Unsere Mia wird sich noch mal den Hals brechen", sagte ihr Opa und schüttelte den Kopf. Aber Mia dachte gar nicht daran, sich den Hals zu brechen. Nicht beim Schaukeln und auch nicht, wenn sie hoch oben im Birnbaum saß und über die Felder hinweg den Krähen zusah.

Nur wenn sie abends im Bett lag, zog Mia die Bettdecke hoch bis zur Nasenspitze und wippte unruhig mit den Füßen.

„Oma, bist du sicher, dass es keine Gespenster gibt?"

Oma lachte und gab Mia einen Kuß. „Mir ist jedenfalls noch keins begegnet", sagte sie, „und ich bin schon ziemlich alt."

Mia beschloss der Oma zu glauben. Schließlich hatte sie selber auch noch kein Gespenst gesehen. Also drehte sich Mia wie immer auf die Seite und kuschelte sich an ihren Teddy.

Aber kaum hatte sie heute die Augen zugemacht, war das Gespenst auch schon da. Zusammengekauert saß es auf der Fensterbank und schaute ängstlich zu Mia herüber.

„Halt mir nur ja deinen Teddy vom Leib", flüsterte das Gespenst.

„Teddybären haben furchtbar scharfe Zähne und Krallen!"

Mia schob den Teddy ein wenig tiefer unter die Bettdecke.

„Vor meinem Bär brauchst du keine Angst zu haben", versuchte sie das Gespenst zu beruhigen, „der tut keinem was."

Doch das Gespenst machte sich noch ein wenig kleiner. „Ja, ja, das sagen sie alle", widersprach es, „und nachher hab' ich wieder das Hemd zerrissen!"

Mia ließ den Teddy ganz verschwinden. „Was bist du nur für ein komisches Gespenst", wunderte sie sich.

„Komisch! Wieso komisch?", rief da das Gespenst entrüstet. „Ich bin ein

ganz einfaches, stinknormales Nachtgespenst und kein bisschen komisch, damit du es weißt!"

„Und warum fürchtest du dich dann vor einem Stoffteddy?", wollte Mia wissen.

„Weil sich alle Gespenster vor Teddybären fürchten, ganz egal ob sie aus Stoff oder sonst was sind", antwortete das Gespenst und schwebte jetzt ein wenig vor dem Fenster hin und her. „Du kannst mir glauben, ich habe da so meine Erfahrungen gemacht."

„Ich dachte immer, Gespenster hätten überhaupt keine Angst. Ihr seid doch dazu da uns Menschen Angst zu machen!" Mias Stimme klang ein wenig vorwurfsvoll.

Das Gespenst bekam eine Gänsehaut und machte sich wieder klein. „Geschichten, alles Geschichten! Ich weiß nicht, warum die Menschen sich so was ausdenken! Dabei sind wir Gespenster doch die friedlichsten, die freundlichsten, ja überhaupt die nettesten Wesen, die es gibt!"

Obwohl seine Worte trotzig klangen, schrumpfte das Gespenst noch ein wenig mehr zusammen. Dann fing es auch noch an zu heulen: „Huhuu", tönte es laut und kläglich aus dem kleinen Bündel. „Huhuu" – immer lauter.

Mia fürchtete, das Gespenst würde gleich das ganze Haus aufwecken. Vorsichtig stand sie auf und ging zum Fenster. Da bemerkte sie zwei hauchzarte Tränen, die dem Gespenst über das Gesicht liefen.

„Jetzt weine doch nicht! Ich hab' ja gar keine Angst vor dir", versuchte Mia zu trösten. „Und ich werde auch nie wieder behaupten, Gespenster wollten irgendwem Angst machen!"

„Wirklich nicht?" Das Gespenst schniefte noch einmal und wischte sich die Augen. „Wollen wir Freunde sein?"

„Das wäre wirklich schön", sagte Mia. „Aber du darfst nicht mehr heulen!"

Das Gespenst machte große Augen. „Magst du mein Geheul etwa nicht? Wenn du mein Freund sein willst, dann musst du mein Geheul aber mögen."

Mia seufzte: „Ich mag ja dein Geheul. Aber Oma und Opa, die dürfen wir nicht stören."

„Na gut", sagte das Gespenst, „dann mach mir jetzt ein Marmeladenbrot!"

Mia staunte nicht schlecht. „Ein Marmeladenbrot?"

„Ich habe Hunger. Vom Heulen bekommt man immer Hunger." Das Gespenst legte den Kopf auf die Seite und lächelte. „Am liebsten mag ich Erdbeermarmelade!"

34

„Ich auch", fiel es Mia ein, „so ein Zufall!"

„Gar kein Zufall", widersprach das Gespenst, „schließlich sind wir Freunde."

Mia schlich hinunter in die Küche und kam fünf Minuten später mit zwei großen Marmeladenbroten wieder zurück. Das Gespenst schwebte eilig zweimal um den Teller herum, konnte sich erst nicht entscheiden, welche Schnitte es nehmen sollte und entschied sich dann für die etwas größere. Aus Höflichkeit! Als es fertig gegessen hatte, wischte es sich die Finger an seinem Hemd ab und verbeugte sich.

„Weil du meine Freundin bist und mir dein Marmeladenbrot außerdem so gut geschmeckt hat, wie selten, werde ich dir jetzt meinen Lieblingstanz vorführen. Selbst ausgedacht und einstudiert. Pass auf!"

Das Gespenst erhob sich, schwebte nach rechts und nach links und drehte sich dann elegant einmal um die eigene Achse. Dabei hob es sein Hemd mit den marmeladeroten Tupfen ein wenig in die Höhe und machte dann einen Kopfstand in der Luft.

„Bravo!", rief Mia. „Schade, dass ich nicht mit dir tanzen kann."

„Ich werde es dir beibringen", entgegnete das Gespenst, „kein Problem! Nur bleibst du mit den Füßen auf dem Boden und den Kopfstand lassen wir weg. Einverstanden?"

„Einverstanden!", antwortete Mia und gähnte. „Aber jetzt bin ich zu müde zum Tanzen."

Das Gespenst machte noch eine letzte Drehung. „Müde! In so einer Nacht! Ach – fast hätte ich vergessen, dass du ja kein Gespenst bist. Aber das macht nichts, dann komme ich eben morgen wieder. Adio!"

„Adio", murmelte Mia und kroch zu ihrem Teddy unter die Decke.

Und das Gespenst schwebte zum Fenster und war verschwunden.

*Brigitte Jünger*

# Das Lied vom Monde

Wer hat die schönsten Schäfchen?
Die hat der goldne Mond,
der hinter unsern Bäumen
am Himmel droben wohnt.

Er kommt am späten Abend,
wenn alles schlafen will,
hervor aus seinem Hause
zum Himmel leis und still.

Dann weidet er die Schäfchen
auf seiner blauen Flur;
denn all die weißen Sterne
sind seine Schäfchen nur.

Sie tun sich nichts zuleide,
hat eins das andre gern,
und Schwester sind und Brüder
da droben Stern an Stern.

*Hoffmann von Fallersleben*

# Der Mond und seine Kinder

Papa und Nici liegen im großen Elternbett. Mama ist nicht zu Hause. Sie ist zur Oma gefahren und kommt erst morgen wieder heim.

„Du darfst bei mir schlafen. Da sind wir beide nicht so allein", sagt Papa zu Nici.

Nici freut sich. Denn im großen Bett schläft er am liebsten. Das Fenster steht offen. Der Mond taucht das Schlafzimmer in ein warmes Licht. Ein leichter Wind bewegt sanft die Gardine.

„Schau nur, Papa, wie schön die Sterne leuchten!", ruft Nici.

„Bestimmt haben sie ihre Laternen heute besonders blank geputzt", sagt Papa.

„Hat der Mond auch eine Laterne?", fragt Nici.

„Ja, seine Laterne leuchtet noch heller als die der Sternenkinder", antwortet Papa.

„Bitte, Papa, erzähl mir vom Mond, den Sternenkindern und ihren Laternen!", bittet Nici seinen Vater.

Und Papa beginnt zu erzählen: Es war an einem wunderschönen Abend. Die Sonne ging gerade hinter dem großen Meer unter. Und der Mond machte sich auf seinen Weg durch die Nacht. Doch wo waren nur seine Sternenkinder? Er rief eines nach dem anderen. Doch keines von ihnen gab Antwort. „Bestimmt machen sie mit ihren Laternen eine kleine Nachtwanderung", dachte der Mond. Denn die Sternenkinder hatten ihre Laternen geputzt. „Wenn ihr sie ganz blank reibt, leuchten sie noch mal so schön. Dann sieht der Nachthimmel wunderschön aus, und die Kinder auf der Erde freuen sich", hat Papa Mond gesagt.

„Wenn sie ihre Laternen dabei haben, verlaufen sie sich nicht . Dann finden sie den Weg zum Mondhaus wieder zurück", dachte der Mond. Er ging zur Himmelswiese, um den Wolkenschäfchen gute Nacht zu sagen.

„Schläft der Mond denn auch nachts?", fragt Nici seinen Papa.

„Nein, der Mond und die Sternenkinder schlafen am Tag. Und nachts passen sie auf, dass am Himmel nichts passiert", erklärt Papa. Dann erzählt er weiter: Der Mond wollte gerade das Mondhaus verlassen, da blieb er wie angewurzelt stehen. Vor der Tür standen die Laternen seiner Sternenkinder. Der Mond zählte: eins, zwei, drei, vier, fünf, sechs, sieben. Sieben Laternen – für jedes Kind eine. Die Sternenkinder hatten ihre Laternen vergessen. Der Mond schaute besorgt in die Ferne. Es war nämlich mittlerweile stockdunkel. „Wo seid ihr, meine Sternenkinder?", rief er. Doch er bekam keine Antwort. „Hoffentlich ist ihnen nichts passiert!", dachte Papa Mond. Er machte sich große Sorgen. Schnell holte er seine große Mondlaterne. Dann machte er sich auf den Weg zur Mondfee. Sie wohnte hinter der Himmelswiese in einem wunderschönen Palast. „Hoffentlich ist die Mondfee zu Hause. Sie weiß bestimmt einen Rat, wie ich meine Kinder wiederfinden kann!", seufzte der Mond.

Er lief immer schneller, bis er vor dem Palast der Mondfee stand. Der Mond zog an dem silbernen Glockenstrang. Die Glocke ertönte. Kurz darauf öffnete ihm die Mondfee. „Was ist passiert? Warum bist du so aufgeregt?", fragte die Mondfee. „Meine Sternenkinder sind noch nicht zu Hause. Sie haben ihre Laternen vergessen. Und nun finden sie bestimmt nicht wieder heim", jammerte der Mond. Da sagte die Mondfee: „Keine Angst, ich werde dir helfen! Nimm diesen Sack mit Sternenstaub. Wenn du den Sternenstaub auf deinem Weg verstreust, wirst du dich in der Milchstraße nicht verirren. Du brauchst nur der Spur des Sternenstaubs zu folgen. Zünde deine Mondlaterne an. Sie leuchtet so hell, dass deine Kinder sie sehen werden." Dankbar nahm der Mond den Sack mit Sternenstaub und machte sich auf den Weg durch die dunkle Nacht. Bald erreichte er die Milchstraße. Immer wieder rief Papa Mond nach seinen Kindern. Doch er erhielt keine Antwort. Die Spur, die der Sternenstaub auf der Milchstraße hinterließ, wurde länger und länger. Seine Laterne leuchtete so hell, dass die Menschen auf der Erde erstaunt zum Himmel blickten. Sie hielten die Mondlaterne für einen besonders großen Stern. „Diesen Stern haben wir noch nie am Himmel gesehen!",

sagten die Sternforscher. Der Mond lief weiter mit seiner Laterne durch die Nacht. Da hörte er plötzlich ewas. „Papa Mond! Wo bist du?", rief eine Stimme. Der Mond traute seinen Ohren nicht. War es Einbildung, oder hatte wirklich eines seiner Kinder nach ihm gerufen. Er blieb stehen und lauschte. „Papa Mond! Wo bist du? Wir können deine Laterne leuchten sehen", rief ein anderes Kind. „Kinder, ich bin hier!", rief der Mond.

„Papa! Papa! Bitte komm schnell, denn wir haben große Angst!", rief ein drittes Sternenkind. Der Mond lief immer schneller, bis er seine Kinder endlich sah. Besorgt zählte er nach: Eins, zwei, drei, vier, fünf, sechs, sieben. Alle Kinder waren da. War das eine Freude, als Papa Mond seine sieben Sternenkinder endlich in die Arme schließen konnte! „Lieber Papa Mond! Wir wollten in der Milchstraße Fangen spielen. Doch dann wurde es plötzlich dunkel. Wir wollten unsere Laternen anzünden. Doch wir hatten sie vergessen. Und dann haben wir den Weg nicht mehr gefunden", erzählte das älteste Sternenkind. „Nun ist alles wieder gut. Ich habe euch gefunden. Zum Glück hat die Mondfee mir einen Sack Sternenstaub geschenkt. Wenn wir der leuchtenden Spur folgen, sind wir bald wieder zu Hause", sagte der Mond. Natürlich sind Papa Mond und seine Sternenkinder nicht am Palast der Mondfee vorbei gegangen, ohne ihr Danke zu sagen. Dann sind die sieben Sternenkinder ganz schnell in ihre Betten gehuscht. Papa Mond hat ihnen noch Milchstraßen-Tee gekocht und sie warm zugedeckt. Denn über dem Meer ging wieder die Sonne auf. Es war für Mond und Sterne Zeit zum Schlafengehen.

„Das war aber eine schöne Geschichte!", flüsterte Nici. Und ehe Papa noch etwas sagen konnte, war sein kleiner Junge auch schon eingeschlafen.

*Margret Nußbaum*

# Was ich heut' Nacht träumen möcht'

Was ich heut' Nacht träumen möcht',
kann ich keinem sagen,
denn ich weiß es selber nicht,
kann auch keinen fragen.

Träume ich von Weißnichtwas
oder Silberschaum?
Kann es sein vom Nichts im Glas,
einen Luftnurtraum?

Dafür gibt es wohl kein Wort,
ich nehm' meine Hand,
hauch mir meine Augen zu
flieg ins Träumeland.

Und dann träum ich Weißnichtwas
und vom Silberschaum,
träume auch vom Nichts im Glas,
einen Luftnurtraum.

Was ich heut' Nacht träumen möcht',
kann ich nie erfragen,
weiß ich es doch selber nicht,
keinem kann ich's sagen.

*Alfons Schweiggert*

# Ungeheuer zur Schlafenszeit

Sandra ist eigentlich kein Angsthase. Nein, sie ist sogar ganz schön mutig: Sie holt für Mama Kartoffeln aus dem Keller, obwohl dort große schwarze Spinnen herumkrabbeln. Und sie bleibt auch ganz alleine zu Hause, wenn Mama kurz zum Bäcker um die Ecke geht. Wenn es dann an der Haustür klingelt, ist Sandra mucksmäuschenstill. Natürlich öffnet sie die Tür nicht. Und natürlich hat sie keine Angst. Schließlich ist es ja Tag und schließlich ist es ja hell draußen. Da gibt es doch keine Ungeheuer.

Die kommen erst, wenn es dunkel ist und wenn Sandra ganz alleine in ihrem Bett liegt. Dann sieht nämlich alles ganz anders aus: das Krokodil

fletscht gefährlich seine Zähne, der Teddybär schaut grimmig und furcht-erregend drein, die Augen der Plüschkatze funkeln böse und das Puppen-haus wirft lange Monsterschatten an die Wand.

Und dann hat Sandra Angst. So große Angst, dass sie sich nicht einmal traut, die Augen zu schließen. Nein, mit so vielen Ungeheuern im Kinder-zimmer ist an Schlaf wirklich nicht zu denken. Und einen Heidenlärm machen diese Ungeheuer auch noch. Sie jagen brüllend und tobend kreuz und quer durch Sandras Zimmer. Hüpfen vom Schrank herunter direkt auf ihren Bauch, zwicken sie in den großen Zeh oder stupsen sie an die Nase.

„Maaammaaa", schreit Sandra. Und Mama kommt sofort ins Zimmer.

„Was ist denn mein Liebes? Bist du aus dem Bett gefallen?"

„Nein, aber das Krokodil frisst gleich meinen Teddy auf."

Mama fängt das böse Krokodil ein, schimpft mit ihm und sperrt es in den Schrank.

„Jetzt kann es dich nicht mehr ärgern und deinen Teddy auch nicht", meint Mama, gibt Sandra noch einen Gute Nacht Kuss und geht aus dem Zimmer. Aber kaum ist Mama weg, da fängt Sandras Kuschellämmchen an, wie wild auf dem Schreibtisch herumzuhüpfen. Dabei zerknittert es ein selbst gemaltes Bild von Sandra und einige Holzstifte fallen auch auf den Boden.

„Lass das, Du machst doch alles kaputt", ruft Sandra verzweifelt.

Aber das Lämmchen scheint nichts zu hören und hüpft nur noch wilder. In der anderen Ecke des Zimmers beginnt der Zirkusaffe auf seine kleine Trommel zu schlagen und das Krokodil klopft mit seinem dicken Schwanz unaufhörlich gegen die Schranktür.

Sandra jammert leise: „Lasst mich doch endlich in Ruhe!"

Mama kommt und sammelt alle Übeltäter ein.

„Die müssen jetzt zur Strafe in den Keller."

Aber kaum ist Sandra wieder alleine, da kriechen auch schon große, schwarze Schatten über die Zimmerdecke. Entsetzt springt Sandra aus dem Bett und rennt zu Mama und Papa ins Wohnzimmer. Papa nimmt

Sandra bei der Hand und meint: „Wir beide untersuchen jetzt mal ganz genau dein Zimmer."

Im Zimmer ist alles still und friedlich. Papa schaut unters Bett, hinter die Tür, unter die Bettdecke …

„Alles in Ordnung. Sie sind alle weg. Die haben Angst vor mir."

„Aber wenn du weg bist, dann kommen sie wieder", klagt Sandra.

„Du musst ihnen nur zeigen, dass du keine Angst hast, dann verschwinden die ganz schnell wieder", rät der Papa.

„Aber ich habe Angst", sagt Sandra.

„Das darfst du dir aber nicht anmerken lassen. Wenn deine Stofftiere wieder frech werden, dann schreist du einfach so laut du kannst."

„Was soll ich denn schreien?"

„Du musst sie erschrecken. Ruf einfach ganz laut: AAAHHHH. VERSCHWINDET ODER ICH FRESS EUCH!!! Komm wir versuchen es mal gemeinsam. Eins, zwei … drei."

Sandra und ihr Papa brüllen gemeinsam so laut sie können:

„AAAHHHH. VERSCHWINDET ODER ICH FRESS EUCH!!!"

Sandra fühlt sich gleich viel stärker und sie ist gar nicht mehr so ängstlich. Sie bekommt noch einen Kuss und dann ist sie wieder alleine in ihrem Zimmer. Und tatsächlich kommen alle Schattenungeheuer wieder aus den Ecken gekrochen. Für einen kleinen Augenblick hat Sandra wieder Angst. Aber dann nimmt sie allen Mut zusammen und brüllt so laut sie kann:

„AAAHHHH. VERSCHWINDET ODER ICH FRESS EUCH!!!"

Und … es funktioniert. Im Nu sind alle verschwunden. Im Zimmer ist es ruhig und friedlich. Sandra dreht sich auf ihre Schlafseite und schlummert zufrieden und glücklich ein.

*Carola Hoffmann*

44

# Gute Nacht und schlaf recht schön

Gute Nacht und schlaf recht schön,
träum die ganze Nacht,
darfst ja wieder spielen geh'n,
wenn der Tag erwacht.

Hast du tief geschlafen dann,
bist du ausgeruht,
laufen, hüpfen, Purzelbaum,
geht dann doppelt gut.

Schlafen muss ein jeder mal:
Vater, Mutter, Kind,
Vogel, Katze, Blume, Baum,
ich glaub', auch der Wind.

Ohne Schlaf ist man gereizt,
quengelt, nörgelt, schreit.
Wer viel schläft, kann fröhlich sein
und wird blitzgescheit.

Früh ins Bett! Früh aufgewacht!
Das weiß jedes Kind,
dich gesund und weise macht.
Schlaf jetzt ein geschwind.

Gute Nacht und schlaf recht schön,
träum die ganze Nacht,
darfst ja wieder spielen geh'n,
wenn der Tag erwacht.

*Alfons Schweiggert*

# Früchte-ohne-Namen

Auf der allerschönsten Palmeninsel in der Südsee, dort, wo am Tag die Sonne sonniger sonnt und in der Nacht der Mond mondiger mondet als irgendwo sonst auf der Welt, dort wohnte Carlos Curvo und verkaufte „Radioantennen, Regenschirme und Früchte-ohne-Namen", wie es auf dem Schild über seinem kleinen Geschäft stand.

Zu Beginn der Geschichte war Carlos Curvo ein armer Mann – und das, obwohl er den ganzen sonnigen Tag lang fleißig Radioantennen und Regenschirme fertigte und abends die Früchte-ohne-Namen von den Bäumen pflückte. Schuld an Carlos' Armut war eine Horde Bieger-Äffchen, die gleich hinter seinem Haus lebte. Tagsüber saßen die Bieger-Äffchen auf den Bäumen mit den Früchten-ohne-Namen und schauten Carlos bei der Arbeit zu. Nachts kletterten sie in seinen Lagerschuppen und verbogen alle Radioantennen und Regenschirme, weil Bieger-Äffchen nun einmal gerne die Dinge verbiegen. Schon oft hatte Carlos versucht, nachts Wache zu halten. Doch war er von der Arbeit so müde, dass er jedes Mal einschlief und schwuppdiwupp brachen die Bieger-Äffchen wieder in sein Lagerhaus ein und verbogen alles, was eben noch gerade war.

Carlos versuchte alles, um die Bieger-Äffchen von ihrer Verbiegerei abzuhalten. Ein Mal servierte er ihnen Zuckerbrote, ein anderes Mal drohte er mit der Peitsche. Er schrie Zeter und Mordio und redete mit Engelszungen. Doch die Bieger-Äffchen konnten das Verbiegen nicht lassen. Nur ganz selten, etwa alle vier Wochen, ließen die Äffchen die Radioantennen und Regenschirme gerade sein. „Wenn ich herausfinde, warum die Bieger-Äffchen alle vier Wochen friedlich sind, dann weiß ich vielleicht auch, wie ich sie dazu bringe, mich in Ruhe zu lassen." Als nach vier Wochen wieder eine ruhige Nacht anstand, schlich Carlos im Dunklen unter einen der Bäume mit den Früchten-ohne-Namen. Die Affen, die sonst immer ein Krach- und Kreischkonzert veranstalteten, gaben keinen Mucks von sich.

Oder doch? Was war das? Carlos spitzte die Ohren und vernahm ein hohes, trauriges Jaulen. Dann entdeckte er die Affen. Im Vollmondschein saßen sie auf den Baumspitzen, hielten sich an den Händen und summten und sangen, jaulten und jammerten zum runden Mond hinauf. Hätte er nicht gewusst, wie verbogen frech diese Bieger-Äffchen waren, es hätte Carlos ans Herz gerührt. So aber hatte er genug gesehen. Er hatte schon einen Plan.

Zwei Wochen später stellte er sich vor die Bäume mit den Früchten-ohne-Namen: „Bieger-Äffchen! Ich habe eine wichtige Nachricht von meinem Freund, dem Mond!" Die aufgescheuchte Affenmeute krachte und kreischte durcheinander. Die dickste Äffin verschränkte die Arme und keifte: „Uns klugen Bieger-Äffchen will so ein dummer kleiner Radio-antennen- und Regenschirmmacher etwas vom Mond erzählen?"

„Wartet nur!", frozzelte Carlos mutig. „Mein Freund, der Mond, mag nämlich Radioantennen und Regenschirme sehr gerne. Und jetzt ist er so sauer über eure Verbiegerei, dass er heute Nacht abhaut!" Die Affen brachen in schallendes Affengelächter aus und die Bäume wiegten gefähr-lich hin und her. Genau, wie Carlos es erwartete hatte, kümmerten sich die Affen nicht um seine Worte und verbogen in der Nacht wieder jede einzelne Radioantenne und jeden einzelnen Regenschirm. In dieser Nacht

war jedoch Neumond, die Nacht, in der der Mond nicht am Himmel zu sehen ist.

Als Carlos am Morgen aus der Tür trat, saß die dicke Äffin vor ihm am Boden und schälte ängstlich eine Frucht-ohne-Namen: „Carlos, bitte, siehst du deinen Freund, den Mond, heute? Bitte, kannst du ihm sagen, dass es uns leid tut und dass wir …“ – „Nein“, schnauzte Carlos streng. In seinem Inneren musste er aber lachen. Die Bieger-Äffchen waren doch nicht so schlau, wie sie angaben. „Bitte, bitte, bitte“, bettelte die Bieger-Äffin, „leg ein gutes Wort für uns ein. Er soll wiederkommen. Wir wollen auch nie mehr wieder deine Radioantennen und Regenschirme verbiegen. Großes verbogenes Bieger-Äffchen-Ehrenwort der Bieger-Äffchen-Königin Banana III.“ Die Äffin hatte ihren Kopf bis zum Boden verneigt. „Mal sehen, was ich tun kann“, nickte Carlos. Als in dieser Nacht der zunehmende Mond wieder seine feine Sichel am Firmament zeigte, hörte Carlos Curvo hinter seinem Laden die Affen jubeln. Seine Radioantennen und Regenschirme blieben von dieser Nacht an gerade.

Einen Monat später saß die Bieger-Äffchen-Königin wieder vor seinem Haus: „Du hast uns betrogen!“, kreischte sie. „Der Mond verschwindet ja alle vier Wochen aufs neue und kommt jedes Mal wieder!“ Carlos schälte genüsslich eine der gelben, länglichen Früchte-ohne-Namen: „Du hast mir dein großes verbogenes Bieger-Äffchen-Ehrenwort gegeben. Ihr dürft meine Radioantennen und Regenschirme nicht mehr anrühren!“ Die Affenkönigin sprang vor Aufregung im Viereck: „Das ist nicht gerecht! Wir Bieger-Äffchen müssen doch irgend etwas verbiegen! Sonst wären wir keine Bieger-Äffchen.“ Ein bitteres Schluchzen kroch plötzlich über ihren dicken Affenbauch. In Carlos Radioantennen- und Regenschirmmacher-Herzen regte sich Mitleid. „Na gut, ich geb' ja zu, dass ich geflunkert habe. Wenn ihr unbedingt etwas verbiegen müsst, dann …“, er schaute sich um und überlegte, was die Bieger-Äffchen ohne großen Schaden verbiegen konnten, „… dann verbiegt eben die Früchte-ohne-Namen.“ Banana III. machte Freudensprünge: „Früchte-ohne-Namen verbiegen! Natürlich! Warum sind wir noch nicht selbst darauf gekommen?“ Den ganzen Tag und die ganze Nacht saßen die Bieger-Äffchen auf den Bäumen und verbogen die Früchte-ohne-Namen, bis jede einzelne ungefähr die Form einer Mondsichel hatte. Als Carlos die verbogenen Früchte-ohne-Namen in seinen Laden neben die Radioantennen und Regenschirme legte, blieben die Leute auf der Straße stehen: „Hey Carlos, was sind das für Früchte in deinem Laden?" Carlos hatte genug von verbogenen Waren. Er wollte einfach nicht zugeben, dass ihm die Affen dieses Mal die Früchte-ohne-Namen verbogen hatten und dies auch noch seine Idee gewesen war. „Och, das? Das sind, äh", er dachte an die Bieger-Äffchen-Königin Banana III., „das sind, äh, Bananen." An diesem Abend hatte Carlos zwar keine geraden Radioantennen und Regenschirme verkauft, dafür aber sämtliche krummen Bananen. Am nächsten Morgen standen die Menschen vor seinem Geschäft Schlange. Alle wollten diese neuartigen Bananen kaufen. Die Leute waren so verrückt nach der neuen, verbogenen Frucht, dass Carlos sich bald nur noch um die Bananen kümmerte. Die übrig gebliebenen Radioantennen und Regenschirme schenkte er den Bieger-Äffchen zum Verbiegen.

Am Ende der Geschichte war Carlos Curvo ein reicher Mann.

Auch die Bieger-Äffchen waren zufrieden. Immer mehr Bananen pflanzte Carlos an, die sie nach Herzenslust verbiegen durften. Noch heute halten sich alle Bananenpflanzer eine Horde Bieger-Äffchen hinterm Haus.

Deswegen ist die Banane krumm.

Genauso krumm wie diese Geschichte.

*Stephan Geesing*

50

# Das Märchen von den Sterntalern

Ein armes Mädchen stand
im Wald ohne Gewand.
Es sah zu den Sternen hinauf
und schniefte leise auf.
Da fielen vom Himmelszelt
alle Sterne zur Erde als Geld.
Der Himmel war plötzlich leer.
Es gab keine Sterne mehr.
Der Mond hat erschrocken geschaut.
Er nahm die Sonne zur Braut.
Da bekam Frau Sonne geschwind
jeden Tag ein Sternenkind.
So kam's, dass nach 1000 Jahren
wieder Sterne am Himmel waren.
Die warten seit neuester Zeit
auf ein Mädchen ohne Kleid.
Wenn das heulend bettelt um Geld,
dann fallen die Sterne zur Welt.
Klar, dass der Mond wieder schaut.
Er holt sich die Sonne als Braut.
Neue Sternenkinder entstehen,
und so wird das weitergehen,
bis kein Mädchen die Sterne mehr nackt
um Geld anzupumpen wagt.

*Alfons Schweiggert*

# Der goldene Schlüssel

Zur Winterszeit, als einmal ein tiefer Schnee lag, musste ein armer Junge hinausgehen und Holz auf einem Schlitten holen. Wie er es nun zusammengesucht und aufgeladen hatte, wollte er, weil er so erfroren war, noch nicht nach Hause gehen, sondern sich erst ein Feuer anmachen und sich ein bisschen wärmen. Er scharrte den Schnee weg, und wie er so den Erdboden aufräumte, fand er einen goldenen Schlüssel.
Nun glaubte er, wo der Schlüssel wäre, müsste auch das Schloss dazu sein, grub weiter und fand ein eisernes Kästchen. Ei, dachte er, wenn der Schlüssel nur passt; denn es waren gewiss wunderbare und köstliche Sachen darin. Er suchte, aber es war kein Schlüsselloch da.
Endlich fand er doch noch ein ganz kleines und probierte, und der Schlüssel passte gerade. Da drehte er ihn einmal herum, und nun müssen wir warten, bis er vollends aufgeschlossen hat, dann werden wir sehen, was darin liegt.

*Brüder Grimm*

# Die Prinzessin auf der Erbse

Es war einmal ein Prinz, der wollte eine Prinzessin heiraten. Aber es sollte eine echte Prinzessin sein. Also reiste der Prinz in der ganzen Welt herum, aber er konnte doch nirgends finden, was er suchte. Prinzessinnen gab es zwar genug, doch ob es wirkliche Prinzessinnen waren, konnte er nicht herausfinden. Jedesmal stimmte irgendeine Kleinigkeit nicht. Schließlich kehrte der arme Prinz ganz traurig nach Hause zurück, denn er hätte doch so gern eine wirkliche und wahrhaftige Prinzessin gehabt.

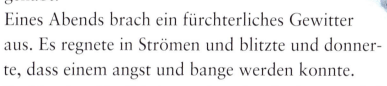

Eines Abends brach ein fürchterliches Gewitter aus. Es regnete in Strömen und blitzte und donnerte, dass einem angst und bange werden konnte.

Da klopfte plötzlich jemand an das Stadttor, und der alte König ging hinaus, um es aufzumachen.

Draußen vor dem Tor stand eine Prinzessin. Aber wie die aussah! Der Regen lief ihr über die Haare und Kleider hinab. Er lief vorn die Schuhe hinein und floss an den Hacken wieder heraus. Sie sah wirklich jämmerlich aus, und doch sagte sie, dass sie eine echte Prinzessin sei.

„Na, ich werde schon dahinterkommen!", dachte die alte Königin, sagte aber nichts.

Sie ging in die Schlafkammer und legte eine Erbse auf den Boden der Bettstelle. Auf die Erbse aber legte sie zwanzig Matratzen, und auf die zwanzig Matratzen kamen noch zwanzig Daunenbetten.

Darauf schlief nun die Prinzessin die ganze Nacht, und am Morgen fragte die Königin, wie sie geschlafen habe.

„Schlecht!", sagte die Prinzessin. „Ich habe die ganze Nacht kein Auge zugetan! Ich bin auf irgendetwas Hartem gelegen. Mein ganzer Körper ist blau und grün davon. Es war entsetzlich!"

Da wussten sie nun, dass es eine wirkliche und echte Prinzessin war, denn sie hatte durch zwanzig Matratzen und zwanzig Daunenbetten hindurch die Erbse gespürt. Und so empfindlich konnte doch nur eine wirkliche Prinzessin sein.

Da nahm der Prinz die Prinzessin zur Frau, denn nun wusste er sicher, dass es eine echte Prinzessin war. Und die Erbse kam ins Museum, und dort ist sie noch heute zu sehen, wenn sie inzwischen niemand gestohlen hat.

Ja, das ist eine wahre Geschichte!

*Hans Christian Andersen*

# Kapitel 2

## *Mein Tag geht zu Ende*

# Mama, such mich!

Mama und Karlchen machen einen Abendspaziergang. Mama geht zu Fuß, und Karlchen fährt mit seinem roten Rutscherauto. Zusammen sind die beiden schnell wie der Wind. Aber halt! Da fehlt ja noch einer! Richtig, der Teddy! Er sitzt im Anhänger und freut sich, dass er mitfahren darf. Und nun saust Karlchen mit seinem roten Rutscherauto los. Er saust so schnell, dass Mama ihn bald nicht mehr sieht.

„Nicht so schnell, Karlchen!", ruft die Mama. „Ich finde dich sonst nicht mehr!"

„Mama, such mich!", ruft Karlchen.

Mama sucht. Aber keine Spur von Karlchens grüner Mütze. Auch nicht vom roten Rutscherauto. Und der gelbe Schal vom Teddy ist auch nicht zu sehen. Doch da sieht Mama hinter einem dicken Baum etwas Rotes. Es ist das Rutscherauto, ganz allein. Der Teddy sitzt nicht im Anhänger. Und Karlchen ist auch nicht da.

„Du liebes rotes Auto, kannst du mir sagen, wo ich Karlchen und Teddy finde?", fragt die Mama. Sie beugt sich zum Auto herunter und hält ihr Ohr ans Lenkrad.

„Danke, liebes rotes Auto!", sagt die Mama. Und dann ist sie mit einem Satz hinter einem anderen Baum.

„Da ist ja endlich mein Karlchen, und da ist auch der Teddy!", freut sich die Mama.

Karlchen staunt. „Kann mein rotes Auto wirklich sprechen?"

„Ja, es hat mir verraten, dass du dich hinter diesem Baum versteckt hast", sagt Mama.

Und da sitzt Karlchen auch schon wieder auf seinem Rutscherauto. Aber oh weh! Karlchen hat seinen Teddy vergessen. Mama nimmt ihn auf den Arm und läuft mit ihm hinter Karlchen und seinem roten Auto her.

„Nicht so schnell, Karlchen!", ruft die Mama. „Ich finde dich sonst nicht mehr!"

„Mama, such mich!", ruft Karlchen.

Mama sucht. Aber wieder keine Spur von Karlchens grüner Mütze. Auch nicht vom roten Rutscherauto. Der Teddy zupft Mama am Jackenärmel. Die beiden flüstern miteinander. Und dann läuft die Mama auf eine Parkbank zu. Dahinter hockt Karlchen. Neben ihm steht sein rotes Rutscherauto.

„Hat der Teddy dir verraten, wo wir sind – mein rotes Auto und ich?", fragt Karlchen.

Mama nickt: „Ja, das hat mir der Teddy verraten."

Aber da sitzt Karlchen auch schon wieder auf seinem Rutscherauto und saust los wie der Wind.

„Nicht so schnell, Karlchen!", ruft die Mama. „Ich finde dich sonst nicht mehr!"

Aber was ist nun los? Karlchen bleibt plötzlich stehen.

„Weißt du was, Mama!", sagt Karlchen. „Nun darfst du dich verstecken."

Mama ist einverstanden. Sie läuft los. Und dann ruft sie:

„Karlchen, such mich!". Und wenn es nicht plötzlich dunkel geworden wäre, dann hätten Mama, Karlchen, Teddy und das rote Auto noch ganz schön lange Verstecken miteinander gespielt.

*Margret Nußbaum*

57

# Joso will nicht schlafen

„Ich will noch nicht schlafen gehen", sagt Joso. Er liegt auf dem Boden und malt.

„Ich muss noch das Bild fertig machen." Auf dem Bild ist ein Baum.

„Na schön", der Vater grinst. „Dann mal noch die letzten Äste hin."

Joso malt die Äste. Schön langsam. Einen nach dem anderen.

„Fertig?", fragt die Mama.

„Nein", sagt Joso. „An die Äste gehören Zweige. Das ist doch klar."

Die Mama lächelt. „Also gut", sagt sie.

Joso malt Zweige. Einen nach dem anderen. Der Vater schaut sich das Bild an.

„Es ist ein sehr schöner Baum geworden", sagt er. „Nun geh aber zu Bett."

„Nein", sagt Joso. „Ich will nicht ins Bett! Ich muss nämlich noch Blätter an die Zweige malen. Das ist wichtig."

„Dann beeil dich aber", sagt der Vater. „Es ist wirklich Zeit."

Joso malt Blätter. Runde und längliche, kleine und große. Zwischendurch muss er sich die Augen reiben. Das ist komisch, dass die Augen müde sind, aber Joso nicht.

„So", sagt die Mutter, „Joso", sagt sie.

„Nein!", ruft Joso, „nein! Es sollen doch noch Vögel in dem Baum sitzen!"

Die Eltern schauen einander an.

Auf einmal blinzeln sie sich zu. Joso malt Vögel. Rote und gelbe, blaue, schwarze und bunte. Die ganze Zeit wartet er darauf, dass sein Vater jetzt ein Machtwort spricht. Aber der Vater schweigt und liest. Die Mutter auch.

58

„Nur noch die Eichhörnchen", sagt Joso und gähnt.
Er malt die Eichhörnchen mit den buschigen Schwänzen. Eines ist noch
ganz klein.
„Und eine Katze sitzt auf dem Baum", sagt Joso leise. „Eine Katze …"
Eigentlich ist er ja doch sehr müde. Und bevor er noch darüber nach-
denken kann, ist er eingeschlafen, – einfach so, auf dem Teppich.
Da hebt der Vater ihn sachte hoch und trägt ihn ins Bett.

*Gina Ruck-Pauquèt*

# Rückwärts

Die Sonnenstrahlen kitzeln meine Nasenspitze und ich wache auf. Sonntag! Sonntage sind die schönsten Tage! Alle sind zu Hause: meine Mama und mein Papa, mein Bruder Salvatore und sein Hund Humphrey, meine Katze Greta, die Schildkröte Cary und der Goldfisch Marilyn. Heute ist ein besonders schöner Sonntag, weil mir Tante Lisa gestern einen Roller geschenkt hat. Da habe ich mich gleich mit Erkan, der schon einen Roller hat, verabredet. Den werd' ich überraschen!

Hoppla! Als ich aus dem Bett steige, stolpere ich als erstes über Greta, die sich vor meinem Bett zusammengerollt hat. Autsch! Ich plumpse auf Humphrey, der aufjault und mir vor Schreck an die Hand schnappt. Jetzt jaule ich und laufe weinend zu meiner Mama, die sofort mit Salvatore schimpft: „Salvatore, was hat dein Hund in dem Zimmer deiner Schwester verloren, eh? Schau dir an, was Humphrey angerichtet hat." Salvatore schreit zurück: „Was hast du immer gegen meinen Hund?!" Dann mischt sich noch mein Papa ein: „Hunde, Katzen, Schildkröten, Goldfische! Wie im Zoo fühlt man sich hier!" Oje! Alle streiten durcheinander. Obwohl mir die Hand gar nicht mehr weh tut. Beim Frühstück haben sie aufgehört zu streiten und sind nur still und böse miteinander. Dabei hat der Sonntag so schön angefangen!

Pitsch-patsch! Als ich aus dem Haus gehe, fängt es an zu regnen. Ich radele aus dem Hof und der Hausmeister schimpft mir hinterher: „Roller fahren ist hier verboten, du freche Göre!" Hui! Ich bin schneller als der doofe Hausmeister. Schnell, schneller, am schnellsten. Klatsch und Aua! Plötzlich liege ich am Boden und meine Sonntagshose hat ein Loch. Das finde ich viel schlimmer als mein Knie, das mir wehtut. Da kommt Erkan angerollt: „Hey Graziella, was geht? Hast du einen neuen Roller, oder was? Haha, und gleich damit hingefallen! Roller fahren muss gelernt sein! Menno!" Ich bin wütend auf Erkan. Sieht er nicht, dass ich mir wehgetan habe? Ich trete ihm gegen seinen Roller und schreie: „Du bist doof!" Da boxt er mir in den Bauch. Es regnet immer stärker. Wir strecken uns gegenseitig die Zunge raus und rollern in entgegengesetzte Richtungen nach Hause.

Zuhause gibt es Mittagessen, aber ich will nicht essen. Nicht den Sonntagsbraten und nicht einmal das Tiramisu. Dieser Sonntag hat mir den Appetit verdorben. Meine Mutter schimpft und mein Vater auch und Salvatore kommt mir dieses Mal nicht zu Hilfe, weil er noch sauer wegen Humphrey ist. Heulend gehe ich ins Wohnzimmer und lege mir ein Video ein, dabei habe ich es bestimmt schon zehn Mal gesehen. Das Video ist langweilig. Mittendrin halte ich es an und spule es zurück. Das ist lustig. Die Leute laufen alle rückwärts. Die ganze Geschichte geht von hinten nach vorne.

Wenn man bloß diesen Sonntag zurückspulen könnte!

Warum eigentlich nicht?

Ich laufe rückwärts in die Küche und sage zu meinem Papa: „Miratisu, bitte!" – „Na, Gottseidank, Kleine, wenigstens isst du jetzt den Nachtisch!", seufzt er und hat gar nicht gemerkt, dass ich Tiramisu rückwärts gesagt habe. Als ich das Miratisu zu Ende gelöffelt habe, sage ich: „Bratensonntag, bitte!" – „Du hast ja plötzlich einen Appetit", mein Papa lächelt, „und das heißt: Sonn-tags-bra-ten." Naja. Er kann ja nicht wissen, dass ich den ganzen Sonntag zurückspule. Nach dem Mittagessen

gehe ich rückwärts die Treppe runter in den Hof und rollere rückwärts auf meinem Roller hinaus. Vor seinem Haus begegne ich Erkan: „Boa, ey, Graziella! Voll gut, du kannst ja schon rückwärts fahren!" – „Doof nicht bist du!", sage ich zu Erkan, der sofort kapiert. „Freundin beste bist du!", und er tut so, als würde er seine Faust rückwärts aus meinem Bauch ziehen.

Ich erzähle ihm, wie schön mein Sonntag angefangen hat und wie doof er dann geworden ist und dass ich nochmal von vorne anfangen möchte. Dann spielen wir rückwärts nach, wie ich hingefallen bin. Ich lege mich auf den Boden, das Knie an die Stelle, die wehtut, und stehe ganz langsam wieder auf. „Das wäre auch zurückgespult!" Ich klatsche in die Hände und der Regen hat fast aufgehört. Wir rollern zurück über unseren Hof, rückwärts natürlich, und da muss der Hausmeister staunen und vergisst zu schimpfen und sieht zum Glück nicht, wie wir ihm die Zunge rausstrecken.

Dann kommt die Sonne raus. Erkan blinzelt in den Himmel: „Die Sonne spielt auch mit!" Als wir nach oben laufen, sitzen alle beim Frühstück, obwohl sie behaupten, dass sie Nachmittagskaffee trinken. Ich sage „Morgen guten" und freue mich, dass sich alle wieder vertragen. Auf meinem Rückwärtsweg ins Zimmer treffe ich Humphrey, aber der will nicht rückwärts laufen und als ich ihm meine Hand in den Mund lege, schleckt er sie nur ab, anstatt sie rückwärts zu schnappen.

„Hund braver!", sagt Erkan und guckt mir zu, wie ich vorsichtig über die zusammengerollte Greta zurück ins Bett steige und die Augen schließe.

Die Sonnenstrahlen kitzeln an meiner Nasenspitze. Sonntag! Sonntage sind die schönsten Tage! Und wenn sie das nicht sind, dann muss man sie einfach zurückspulen.

*Stephan Geesing*

# Abendlied

Leise, Peterle, leise,
der Mond geht auf die Reise,
er hat sein weißes Pferd gezäumt,
das geht so still, als ob es träumt,
leise Peterle, leise.

Stille, Peterle, stille,
der Mond hat eine Brille;
ein graues Wölkchen schob sich vor,
das sitzt ihm grad' auf Nas' und Ohr,
stille, Peterle, stille.

Träume, Peterle, träume,
der Mond guckt durch die Bäume,
ich glaube gar, nun bleibt er stehn,
um Peterle im Schlaf zu sehn –
träume, Peterle, träume.

# Der Tag war schön

**D**er Tag war schön.
Ich hörte Reden, Lachen und Singen,
die Vögel zwitschern, die Spieluhr klingen,
die Kinder schreien, im Haus jemand bohren.
Ich hörte das alles mit meinen Ohren.
Der Tag war schön.

Der Tag war schön.
Ich sah das Helle, das Dunkle, das Bunte,
die roten Äpfel, vom Ball das Runde,
die Freunde rennen, den Kreisel sich drehn.
Mit meinen Augen hab' ich das geseh'n.
Der Tag war schön.

Der Tag war schön.
Ich roch viele feine und scharfe Gerüche,
den Duft der Seife, das Brot in der Küche,
den Müll aus der Tonne und Blumen im Grase.
Das hab' ich gerochen mit meiner Nase.
Der Tag war schön.

Der Tag war schön.
Ich schmeckte saure und süße Dinge,
den Honig, das Salz und Zwiebelringe,
hab' Limo getrunken und Eis geschleckt.
Mit meiner Zunge hab' ich es geschmeckt.
Der Tag war schön

Der Tag war schön.
Ich spürte das Rauhe, das Glatte und Weiche,
die Haut meiner Mutter, die Rinde der Eiche,
das Fell meiner Katze, den Putz an den Wänden.
Das alles hab' ich gespürt mit den Händen.
Der Tag war schön.

Der Tag war schön.
Ich fühlte die Liebe, die Kälte, das Warme,
um mich legte Vater ganz eng seine Arme.
Ich lachte, war froh und habe gespielt.
Das alles hab' ich im Herzen gefühlt.
Der Tag war schön.

Der Tag war schön.
So schön war der Tag und fast ohne Sorgen,
ich bin jetzt müde und schlafe bis morgen.
Wird's abermals schön, dann kann ich nicht klagen
und werde am Abend im Bett wieder sagen:
Der Tag war schön.

*Alfons Schweiggert*

## *Schlummerlied*

Schlaf, Kindlein, schlaf!
Es war einmal ein Schaf.
Das Schaf, das ward geschoren,
da hat das Schaf gefroren.
Da zog ein guter Mann
ihm seinen Mantel an.
Jetzt brauchts nicht mehr zu frieren,
kann froh herumspazieren.

Schlaf, Kindlein, schlaf!
Es war einmal ein Schaf.

*Christian Morgenstern*

# Das Rattatadingsbumsdada

Draußen regnet es. Moritz sitzt in seinem Zimmer. Gelangweilt rollt er sein Spielzeugauto auf dem Tisch hin und her. Er weiß nicht, was er machen soll. Keiner spielt mit ihm.

Moritz geht in die Küche. Seine Mutter steht am Herd und kocht.

„Spielst du mit mir?", fragt Moritz.

„Ich habe jetzt keine Zeit, das siehst du doch. Ich muss kochen", antwortet die Mutter.

„Aber mir ist so langweilig", brummt Moritz.

Die Mutter entgegnet ihm: „Dann spiel doch mit deinem …, mit deinem …, na, du weißt schon, mit deinem Rattatadingsbumsdada."

„Wo ist das Rattatadingsbumsdada?", fragt Moritz.

„Wo du deine Sachen hintust, musst du schon selbst wissen."

Moritz geht in sein Zimmer. Er fängt zu suchen an. Er sucht sein Rattatadingsbumsdada. Er öffnet die Schranktür. Aber im Schrank ist es nicht. Da hockt nur zusammengekauert der vier Meter große Riese.

Moritz klettert auf einen Stuhl. Er schaut auf den kleinen Wandschrank. Aber dort sieht er es auch nicht. Da liegt nur zusammengerollt das Marsmännchen und schläft. Moritz schaut im Badezimmer nach. Nichts. Nur der Wassermann plätschert in der Badewanne. Moritz schaut unter seinem Bett. Wieder nichts. Da hat sich nur sein Elefant versteckt. Moritz ärgert sich, weil er sein Rattatadingsbumsdada nirgends finden kann. Er geht zum Schrank zurück. Er öffnet ihn.

„Komm raus, Riese! Hilf mir, mein Rattatadingsbumsdada suchen", sagt Moritz.

„Darf ich auch mitsuchen?", fragt das Marsmännchen und klettert vom Wandschrank herunter.

„Klar", sagt Moritz.

Unter dem Bett wälzt sich der Elefant hervor und trompetet: „Ich mache auch mit."

Aus dem Bad tapst der Wassermann ins Kinderzimmer. Er schnarrt:
„lk habe gehört, dass ihr ein Spiel maken wollt."
„Quatsch", meint Moritz, „wir suchen mein Rattatadingsbumsdada."
„Oh, da will ik nikt stören", blubbert der Wassermann und will sich aus
dem Zimmer stehlen.
Moritz wirft ihm ein Kissen an den Kopf und schreit: „Halt! Hiergeblie-
ben! Du Drückeberger suchst gefälligst auch mit!"
„Na gut, wenn es sik nikt vermeiden lässt", schlabbert der Wassermann.
Alle suchen, aber keiner findet das Rattatadingsbumsdada. Moritz ist
enttäuscht. Er winkt ab: „Hört auf! Hier ist es doch nicht."

Der Riese nimmt Moritz bei der Hand und tröstet ihn: „Komm
mit mir ins Märchenland. Vielleicht treibt es sich dort
herum."

„Mal sehen", meint Moritz. Er nimmt seine Riesenstelzen
und steigt zusammen mit dem Riesen ins Märchenland.
Sie treffen Hänsel und Gretel, den Wolf und die sieben
Geißlein, Dornröschen und Schneewittchen. Sie
unterhalten sich mit dem gestiefelten Kater
und dem tapferen Schneiderlein. Sie fragen
Rumpelstilzchen, den Eisenhans und
den goldenen Vogel. Alle, auch
Aschenputtel, Rotkäppchen
und Hans-im-Glück

schütteln den Kopf. Nicht einmal König Drosselbart und die Bremer
Stadtmusikanten wissen, wo das Rattatadingsbumsdada ist.
Moritz meint: „Vielleicht hat es sich im Weltraum versteckt."
Er kehrt mit dem Riesen ins Kinderzimmer zurück und steigt mit
dem Marsmännchen in die fliegende Untertasse. Und ab
geht es in den Weltraum. Vorbei an Weltraumstädten
und Raumfähren sausen sie mit Lichtgeschwindig-
keit von einem Planeten zum anderen.
Verfolgt von Raumpiraten, vorbei
an Raumkreuzern jagen sie durch
das All.
Sie landen auf vielen Raumstationen
und erkundigen sich bei Robotern,
Computern und galaktischen Wesen.
Überall die gleiche Auskunft:
„Rattatadingsbumsdada nicht
gesichtet."
„Du solltest es im Urwald
suchen", schlägt das
Marsmännchen auf
dem Rückflug
zur Erde
vor.

Im Kinderzimmer setzt sich Moritz auf seinen Elefanten und reitet auf ihm in den Dschungel. Er turnt durch die Bäume, plappert mit den Affen und zischelt mit den Schlangen. Er unterhält sich schnurrend mit den Panthern und Geparden. Der Elefant trompetet zu den Papageien in die Baumwipfel hoch und spricht mit Paradiesvögeln und Warzenschweinen. Die Buschleute trommeln die Nachricht quer durch den Wald. Von überallher kommt die gleiche Antwort. Keiner hat es gesehen, das Rattatadingsbumsdada.

Müde reitet Moritz auf seinem Elefanten zurück ins Kinderzimmer.

„lk sehe, ihr habt wieder nikts gefunden", sagt der Wassermann bedauernd. „Das Rattatadingsbumsdada wird sik wahrscheinlik unter Wasser herumtreiben. Komm mit, wir tauken."

Moritz schlüpft in seinen Taucheranzug. Zusammen mit dem Wassermann plumpst er ins große Meer. Lautlos sinken sie in die Tiefe. Haie umkreisen sie. Teufelsrochen und Delphine schweben über ihre Köpfe hinweg. Seeschlangen und Riesenkraken mit saugnapfbesetzten Armen winden sich durch die Fluten. Sie befragen Wasserhexen und Meeresgeister, Seejungfrauen und Tiefseeriesen. Sie alle zucken mit den Achseln. Das Rattatadingsbumsdada hat keiner erblickt.

Moritz ist erschöpft vom vielen Suchen. Mit dem Wassermann kehrt er in sein Kinderzimmer zurück.

Der Riese kauert sich in den Schrank, um sich auszuruhen. Das Marsmännchen klettert auf den Wandschrank und schließt die Augen. Der Elefant wälzt sich unter das Bett und ist still. Der Wassermann legt sich in die Badewanne und blubbert vor sich hin.

Moritz kriecht müde ins Bett und schläft.

Plötzlich wacht er auf. Bolzengerade sitzt er da.

Ein Rattata hat ihn geweckt. Ein seltsames Dingsbums steht da in seinem Kinderzimmer.

Etwas leuchtet Moritz ins Gesicht.

Es spricht mit dumpfer, eintöniger Stimme: „Hier – bin – ich. Warum – hast – du – mich – nicht – gesehen? – Ich – war – überall: – In – der –

Küche, – im Kinderzimmer, – im Bad, – im Märchenland, – im Weltraum, – im Urwald, – im Meer."

Moritz brummt: „Das gibt es nicht. Dann hätte ich dich doch sehen müssen. Aber jetzt möchte ich mit dir etwas erleben, verstanden!"

„Bitte – gerne", hallt es aus dem Rattatadingsbumsdada, „ich – möchte – mich – nur – schnell – etwas – erholen. – Gib – mir – bitte – eine – frische – Batterie, – damit – ich – neue – Kräfte – sammeln – kann."

„Okay", sagt Moritz. Er steigt aus dem Bett, holt eine Batterie aus der Schreibtischschublade und wechselt sie dann bei seinem Rattatadings-bumdada aus.

„Ich – bin – bereit", röhrt das Rattatadingsbumsdada.

Moritz schlüpft schnell in es hinein. „Und morgen", ruft er, „bleibst du gefälligst sichtbar in meiner Nähe, ist das klar?"

„Das – wird – man – sehen", tönt es aus dem Rattatadingsbumsdada.

Es blinkt schelmisch mit einem Lämpchen, erhebt sich vom Boden und verschwindet, unsichtbar geworden, durch das Fenster in die Nacht.

*Alfons Schweiggert*

# Ich will nicht ins Bett

**M**ama sagt, wenn ich jetzt ins Bett gehe, kann ich noch viel träumen, weil ich ja noch nicht so arg müde bin. Ich will aber nicht träumen. Ich will spielen – und zwar mit Mama. Mama muss noch sooo viel machen, sagt sie. Sie versucht mir zu erklären, dass kleine Kinder jetzt ins Bett gehören. Alle Kinder in meinem Alter schlafen schon längst, sagt sie auch.

Mama sagt sehr viel, um mir das Bett schmackhaft zu machen, weil sie ihre Ruhe haben will. Das hat sie mir gestern gesagt. Ihre Ruhe – was meint sie nur damit? Ich spiele doch immer sooo schön mit ihr. Wieso will sie ihre Ruhe? Das verstehe ich nicht, aber ich tue ihr heute den Gefallen und geh' gleich ins Bett. – Nur noch ein wenig Kaufladen spielen.

„Maaaamaaaa!", rufe ich, „Maaaamaaaa! – Du musst einkaufen!"

Mama kommt sofort in mein Kinderzimmer und sagt: „Jetzt ist Schluss! Ladenschluss!" Ich erwidere ihr: „Nein, nein, heut' ist langer Samstag."

Doch Mama gibt sich nicht geschlagen – leider. Und sie sagt: „Die Stadtwerke legen jetzt gleich den großen Hebel um. Dann geht's Licht im Kaufladen aus."

Die Stadtwerke sind gegen mich. Morgen werde ich mich bei denen beschweren.

Naja, wenn ich kein Licht mehr im Kaufladen habe, dann muss ich wohl doch schließen. Dann geh' ich eben ins Bett. Ich springe die Treppen zu meinem Stockbett hinauf und kuschle mich ins Bett. Doch wieder ist es Mama nicht recht.

„Ausziehen und Zähne putzen", meint sie. Da liege ich nun im Bett, was Mama ja wollte, und jetzt will sie, dass ich wieder rauskrieche.

Meine Mama!? Naja, tue ich ihr eben auch noch diesen Gefallen. Aber dann, dann will ich meine Ruhe!

Ich gehe ins Bad und putz' mir die Zähne.

72

„Bist du fertig", ertönt Mamas Stimme. „Nein!", rufe ich zurück – mit
vollem Zahnpastamund. Tja – und dabei spucke ich versehentlich die
weiße Creme auf den Spiegel. Der hat jetzt lauter Pünktchen.
„Nix wie wegwischen", denke ich, bevor Mama kommt. So gedacht, so
getan. Der Erfolg ist überwältigend: Alles verschmiert. Jetzt sehe ich mich
im Spiegel zwischen lauter Streifen. Und blöderweise kommt gerade in
diesem Moment Mama ins Badezimmer, wo ich sie doch grad' jetzt am
wenigsten brauchen kann.
„Ohje – Zähne putzen, nicht Spiegel verschmieren", jammert sie. Aber ich
habe in ihrem Gesicht ein kleines Lächeln entdeckt. Sie ist mir nicht böse.

„Aber jetzt schnell ins Bett", meint sie und gibt mir einen Klaps auf den Po. Ich renne in mein Zimmer, springe erneut die Treppen hinauf und schon liege ich wieder im Bett.

Mama rumort im Badezimmer herum. Das höre ich. Ich bin ganz still. Nach kurzer Zeit kommt Mama in mein Zimmer. „Schläfst du schon?", fragt sie mich.

„Blöde Frage", denke ich. So schnell geht's doch wirklich nicht. Ich antworte ihr: „Nein, ich träume – psssst."

Mama gibt mir einen dicken Schmatz und betet mit mir. Dann geht sie aus dem Zimmer und sagt noch: „Ich hab dich lieb. Schlaf schön, bis morgen früh."

Ich hab Mama auch lieb.

*Hans Fries*

## Ich will nicht alleine feiern!

„Nur noch zehn Mal schlafen, bis ich sechs werde", freut sich Philipp und dann fällt ihm ein, dass sein bester Freund Matthes morgen in den Schwarzwald verreist, weil gerade die Sommerferien angefangen haben. Philipp trottet zu seiner Mutter, die am Computer sitzt: „Warum muss ich ausgerechnet im Sommer Geburtstag haben?", beschwert sich Philipp.

„Wieso?", sagt Philipps Mutter. „Ich finde Sommergeburtstage schön. Die Sonne scheint bis abends und draußen ist's warm. Wenn du willst, feiern wir Kindergeburtstag im Schwimmbad."

„Aber Matthes ist im Schwarzwald!", sagt Philipp traurig.

„Dann lad doch Alessandro –"

„– der fährt nach Italien."

„– Ömer –",

„– ist in der Türkei."

„Maria?"

„Spanien."

Philipp beißt sich auf die Lippe, damit er nicht weinen muss: „Ich will nicht alleine Geburtstag feiern!"

Seine Mutter schaltet den Computer aus und nimmt Philipp auf den Schoß. „Ich lass' mir etwas einfallen. Versprochen."

Als er nur noch drei Mal schlafen muss, fragt Philipp seine Mutter: „Ist dir schon etwas eingefallen?"

Die Mutter schmunzelt: „Eine Überraschung. Wart nur ab."

An seinem Geburtstag ist Philipp vor lauter Neugier schon wach, als die Vögel noch den Morgen herbei zwitschern. Was wohl die Überraschung ist? Hat seine Mutter etwa einen Zauberer gebeten, Matthes herbei zu zaubern? Oder hat sie vielleicht ein Schild an den Kindergarten gehängt „Kindergarten wieder offen" und alle Kinder sind zurück aus dem Urlaub gekommen?

Endlich darf Philipp seine Geschenke auspacken! Und dann ist da noch ein bunter Umschlag. In dem steckt eine Postkarte mit vielen Bäumen und einem See drauf. „Das ist deine Überraschung", erklärt seine Mutter, „eine Postkarte aus dem Schwarzwald, wo Matthes Urlaub macht. Den fahren wir heute für ein paar Tage besuchen." Philipp kreiseltanzt vor Freude in der ganzen Wohnung herum: „Ich muss nicht alleine Geburtstag feiern! Wir gehen Matthes besuchen! Matthes-Matthes-Matthes!"

Seine Mutter lacht. „Zieh dich schnell an. Gleich fahren wir los. Von Hamburg in den Schwarzwald ist es eine lange Fahrt."

Philipps Mutter hat alles ins Auto gepackt: den Geburtstagskuchen mit den Geburtstagskerzen, Kekse und Würstchen, bunte Luftballons und kleine Preise – eben alles, was man für einen richtigen Kindergeburtstag braucht, denn dort, wo Matthes Urlaub macht, sind noch mehr Kinder, erzählt Philipps Mutter.

„Wie lange noch?", Philipp hibbelt auf seinem Sitz hin und her. Philipps Mutter kichert: „Wir sind doch gerade erst aus Hamburg raus." Um sich die Zeit zu vertreiben, zählen Philipp und seine Mutter alle Motorräder. Bei Motorrad Nummer 67 nickt Philipp ein. „Matthes, wir kommen dich besuchen", murmelt er noch, schon halb im Traum.

Als er aufwacht, steht das Auto im Stau. „Wie lange noch?", fragt Philipp. „Psst, der Verkehrsfunk!", seine Mutter hört dem Radiosprecher zu. „Totalsperrung!", stöhnt sie. „Zwanzig Kilometer Stau! Ich fass' es nicht!" – „Wie lange noch?", fragt Philipp nochmal. „Tja, wir kommen nicht mehr vom Fleck. Irgendwo ist ein Laster umgekippt." Philipp schaut aus dem Autofenster. Den ganzen Berg hoch ist die Autobahn verstopft mit Blech. Viele Leute sind aus ihren Wagen gestiegen. Ein Mann macht Kniebeugen und eine Frau telefoniert laut auf ihrem Handy. Im Auto nebenan sitzen zwei Kinder, die Philipp zuwinken. „Philipp", seine Mutter klingt ernst, „Matthes kriegst du vielleicht heute noch zu sehen, aber deinen Kindergeburtstag müssen wohl wir beide alleine feiern."

Philipp sieht, wie sich seine Mutter auf die Lippen beißt. Er schaut auf die winkenden Kinder im Auto nebenan: „Ich will aber nicht alleine Geburtstag feiern!" – „Ja, aber Philipp …" – „Ich will mit den Kindern auf der Autobahn Geburtstag feiern!"

Und schon geht's los! Im tiefsten Verkehrsstau, irgendwo zwischen Hamburg und dem Schwarzwald, lädt Philipp alle Kinder aus den Autos um ihn herum zu seinem sechsten Geburtstag ein: zu Geburtstagskuchen mit Geburtstagskerzen, Keksen und Würstchen, bunten Luftballons und kleinen Preisen – eben allem, was man für einen richtigen Kindergeburtstag braucht. Natürlich hebt Philipp von allem etwas für Matthes auf. Der Mann mit den Kniebeugen und die Frau mit dem Handy kriegen auch etwas zu trinken, eine holländische Familie stellt ihren Kochtopf fürs Topfschlagen zur Verfügung und Philipps Mutter hängt Luftballons an die Antenne. Mitten im „Flüster-post"-Spielen, hält ein Polizist auf einem Motorrad neben den feiernden Kindern und Erwachsenen: „Was wird denn hier gefeiert?" – „Kinder-geburtstag!", sagt Philipps Mutter. „Wollen Sie ein Stück Kuchen?" – „Tut mir leid, beim Feiern zu stören. Aber da vorne geht's weiter. Bitte alle einsteigen."

Philipps Mutter hängt die Luftballons ab und verschenkt sie an die Kinder. Alle steigen wieder in ihre Autos und nach drei Stunden Kinder-geburtstag im Stau rollen die Räder wieder langsam an. „Dürfen wir nächstes Jahr wieder Geburtstag auf der Autobahn feiern? Und darf Matthes dann mitkommen?", fragt Philipp, als er den anderen Kindern zum Abschied winkt. Seine Mutter kichert.

Das Auto saust dem Schwarzwald entgegen und es wird langsam dunkel. Philipp zählt mit seiner Mutter wieder Motorräder. Bei Motorrad Num-mer 67 nickt er ein: „Matthes, gleich sind wir da", murmelt er noch, schon halb im Traum.

*Stephan Geesing*

# Das kleine Mädchen und die Katze

*E*s ist dunkel. Der volle Mond steht am Himmel. Und die Sterne leuchten wunderschön.

„Der Mond sieht aus wie eine dicke Kugel", sagt das kleine Mädchen.

„Heute ist Vollmond. Wenn man sich in Vollmondnächten etwas wünscht, geht es meistens in Erfüllung", meint seine Mama.

„Dann wünsche ich mir …", sagt das kleine Mädchen.

„Am besten denkst du noch einmal über deinen Wunsch nach, bevor du ihn aussprichst. Denn du hast ja nur einen Wunsch frei", meint die Mutter lachend.

Und dann gibt sie ihrem kleinen Mädchen noch einen Gutenachtkuss.

„Mama, darf ich noch ein Bilderbuch anschauen?", bittet das kleine Mädchen.

Mama ist einverstanden. „Welches Buch soll ich vom Regal holen?", fragt sie.

„Das mit der Katze", sagt das Mädchen.

Dann blättert es in seinem Buch. Gleich auf der ersten Seite sieht es die Katze. Das Mädchen denkt: „Wie schön wär es, wenn die Katze reden

könnte!". Sie schaut das Bild genauer an. Die Katze trägt eine grün-weiß gestreifte Hose.

„So eine Hose habe ich auch", sagt das kleine Mädchen.

„Klar, ich habe dich schon oft in der grün-weiß gestreiften Hose gesehen", sagt da plötzlich jemand.

Das kleine Mädchen schaut sich um. Da sieht es die Katze aus dem Bilderbuch vor seinem Bettchen stehen.

„Wo kommst du denn her?", fragt das kleine Mädchen.

„Mitten aus deinem Bilderbuch", sagt die Katze. Und dann erzählt sie.

„Wenn ein Kind in Vollmondnächten mein Bild lange genug anschaut und ganz fest an mich denkt, springe ich aus dem Bilderbuch heraus und rede mit dem Kind."

„Au fein! Dann ist mein Wunsch ja in Erfüllung gegangen!", jubelt das kleine Mädchen.

„Dann kannst du ja immer bei mir bleiben und brauchst nicht mehr in das dumme Buch zurück."

„Nein, das geht nicht", sagt die Katze. „Dann hätte das Buch ja eine leere weiße Seite. Ich muss also wieder zurück. Außerdem haben sich meine fünf Katzenkinder darin versteckt. Ich muss sie suchen. Und ich finde sie nur in deinem Buch. Denn die Geschichte erzählt ja von mir und meinen Kindern."

„Du hast recht, liebe Katze. Natürlich musst du ins Buch zurück!", meint das kleine Mädchen. „Aber sag mir: Weißt du, wo sich deine fünf Katzenkinder versteckt haben? Oder hast du es jedesmal vergessen, wenn ich das Buch aufschlage?"

„Du bist vielleicht eine neugierige Nase!", lacht die Katze. Und dann hat sie es plötzlich sehr eilig. „Muss zurück ins Buch!", ruft sie dem kleinen Mädchen zu. „Meine Katzenkinder haben nach mir gerufen."
Und hast-du-nicht-gesehen ist die Katze mit der grün-weiß gestreiften Hose wieder im Buch verschwunden.

*Margret Nußbaum*

# Das neue Zimmer

„*D*a vorne ist es!"

Papa stellt den Motor ab und steigt aus dem Auto.

„Na, Jonas, wie findest du unser neues Haus?"

Jonas knallt die Autotür zu. Er vergräbt seine Fäuste in den Jackentaschen und macht ein grimmiges Gesicht.

Wieso neues Haus? Das Haus ist kein bisschen neu! Die alte Frau Hansen hatte hier gewohnt. Aber jetzt war sie wegen ihres kranken Herzens zu ihrem Sohn gezogen und hatte das Haus verkauft. An Mama und Papa! So was Blödes!

Aber das darf Jonas nicht laut sagen. Dann wäre Papa vielleicht traurig gewesen. Er und Mama fanden es nämlich ganz toll, dass sie jetzt ein eigenes Haus besaßen und nicht mehr in der alten, viel zu engen Zwei-zimmerwohnung leben mussten. Dabei war diese Zweizimmerwohnung das Beste, was Jonas sich vorstellen konnte.

So viele wunderbare Ecken und Winkel hatte es dort gegeben. Unter dem Küchentisch hatte er sich die schönsten Höhlen gebaut. Hinter dem Sofa war der geheime Parkplatz für seine Autos gewesen. Und auf dem Bügel-brett landeten die Hubschrauber.

Jonas schlief zusammen mit Papa und Mama in einem Zimmer und fand das alles sehr gemütlich. Vor allem aber, war das alles immer schon so gewesen.

„Komm Jonas, ich zeige dir dein Zimmer."

Papa hängt seine Jacke an den Haken im Flur und zeigt auf die Treppe. „Da geht's lang!"

Jonas schaut sich erstaunt um. Bei seinem ersten Besuch hatte das alte Haus noch dunkel und ein wenig unheimlich ausgesehen. Jetzt, nachdem Mama, Papa und die Handwerker wochenlang gearbeitet hatten, ist alles frisch und hell.

Der Flur ist so groß, dass man hier ganz gut Ball spielen kann. Eigentlich

gar nicht so schlecht, denkt Jonas. Aber nur eine Sekunde lang. Dann fällt ihm ein, dass schon in der alten Wohnung das Ballspielen im Flur streng verboten gewesen war.

„Na, worauf wartest du?" ruft Papa von oben.

Jonas hat es nicht eilig. Seine Füße sind schwer wie Blei. Langsam gleitet seine Hand den roten Handlauf entlang. Das Treppengeländer sieht aus, als könnte man ganz wunderbar darauf herunter rutschen. Aber auch das ist bestimmt nicht erlaubt.

„Jonas, beeil dich doch mal. Bist du denn gar nicht neugierig?"

„Worauf soll ich neugierig sein", denkt Jonas, „auf ein langweiliges Zimmer in einem blöden Haus, in dem man doch nichts darf?"

Dann hat er endlich die zweite Etage, in der sein Zimmer lag, erreicht.

„Hier hinein!" Papa ruft schon wieder. Doch wieso hört sich seine Stimme jetzt so gepresst an? Jonas schaut ins Zimmer. Da steht Papa auf dem Kopf und grinst ihn an.

„Papa, du kannst Kopfstand? Das hast du ja noch nie gemacht!"

„Bis jetzt hatte ich dafür noch nie genug Platz", erwidert Papa. „Radschlagen kann ich übrigens auch!" Er springt auf die Füße und schlägt gleich zwei Räder quer durchs Zimmer.

„Versuch' es doch auch mal, Jonas", ruft Papa außer Atem.

Doch Jonas denkt schon nicht mehr ans Radschlagen. Er steht einfach da und schaut sich um. Ein Bettgestell steht hochkant an einer Wand und wartet wohl darauf, an den richtigen Platz gestellt zu werden. Ansonsten ist das Zimmer noch ganz leer. Allerdings sieht der Raum irgendwie schief aus. Eine Wand ist gerade, über der anderen jedoch fängt schon bald das Dach an. Papa muss aufpassen, dass er sich hier nicht den Kopf stößt, denkt Jonas. An der Decke geht quer durchs Zimmer ein Holzbalken.

„Wenn du willst, können wir da eine Schaukel anbringen."

Jonas reißt die Augen auf. „Eine Schaukel mitten im Zimmer?"

„Kein Problem", sagt Papa, „das hält der Balken aus."

„Und –", Jonas überlegt einen Moment, „können wir hier auch Ball spielen?"

„Ich glaube, das machen wir besser im Garten", antwortet Papa. „Im Winter spielen wir dann unten im Flur. Da können wir eigentlich auch einen Basketballkorb anbringen. Was meinst du?"

„Und das ist hier nicht verboten?" fragt Jonas erstaunt.

„Wieso verboten?" lacht Papa. „In unserem Haus können wir doch machen, was wir wollen. Außerdem gibt es keine Nachbarn, die wir stören könnten!"

„Stimmt", denkt Jonas und ihm
fällt ein, wie oft Herr Becker
von unten gegen die Wände
geklopft hatte, nur weil die
Bauklötze wieder mal umgefallen waren.

„Und deshalb kann man hier auch so viel turnen, wie man will." Papa
lässt einfach nicht locker. „Jetzt zeig doch mal, was du kannst, Jonas!"
Jonas nimmt Anlauf und schlägt einen Purzelbaum, so hoch in der Luft,
dass es fast ein Salto geworden wäre. Papa bleibt die Spucke weg, dann
fängt er laut zu klatschen an. Jonas macht noch einen kleinen Purzler
hinterdrein und bleibt dann auf dem Rücken liegen. Durch das Fenster
in der Dachschräge über ihm kann er direkt in den Himmel schauen.
„Papa, guck' mal da oben – ein Zeppelin!"
Papa legt sich neben Jonas auf den Boden, schaut dem Zeppelin nach und
sagt mit einem tiefen Seufzer. „Können wir nicht tauschen?"
Jonas schaut Papa verständnislos an. „Was denn?"
„Na, das Zimmer", antwortet Papa. „Ich hätte auch gerne so ein
Himmelbeobachtungsfenster wie du!"
Jonas lacht. „Kommt nicht in Frage", ruft er, „das ist mein Zimmer! Und
weißt du was, mein Bett muss genau hier unter diesem Fenster stehen."
„Gute Idee", sagt Papa und steht auf, um das Bettgestell herüber zu
schieben. „Warte, ich helf' dir!" Jonas läuft herbei und fasst mit an.
„Jetzt fehlt nur noch die Matratze und das Bettzeug." Jonas hätte es sich
am liebsten sofort bequem gemacht.
Papa wischt sich den Schweiß von der Stirn. „Steht alles noch vor dem
Haus. Am besten hole ich die Sachen gleich herauf."
„Lass dir Zeit", ruft Jonas. „Ich passe inzwischen auf, was da oben am
Himmel passiert."
„Okay", antwortet Papa, „aber dass du mir nachher ja alles erzählst!"
Dann schwingt er seine langen Beine über das rote Treppengeländer und
rutscht nach unten.

*Brigitte Jünger*

# Gefunden

Ich ging im Walde
so für mich hin,
und nichts zu suchen,
das war mein Sinn.

Im Schatten sah ich
ein Blümchen stehn,
wie Sterne leuchtend,
wie Äuglein schön.

Ich wollt es brechen,
da sagt' es fein:
Soll ich zum Welken
gebrochen sein?

Ich grubs mit allen
den Würzlein aus,
zum Garten trug ich's
am hübschen Haus.

Und pflanzt es wieder
am stillen Ort;
nun zweigt es immer
und blüht so fort.

*Johann Wolfgang Goethe*

# Wir schlafen auf dem Heuboden

Eines Tages sagte Bosse zu mir: „Heute Nacht wollen Lasse und ich auf dem Heuboden schlafen. Und Ole auch, wenn er darf."

„Nur Landstreicher schlafen auf dem Heuboden", sagte ich.

„Das ist nicht wahr", sagte Bosse. „Wir haben Mama gefragt, und wir dürfen."

Ich lief hinüber und erzählte es Britta und Inga.

„Dann wollen wir auf unserem Heuboden schlafen", sagten sie.

„Und du auch, Lisa." Und so beschlossen wir es.

Das würde lustig werden! Es war bloß ärgerlich, dass die Jungen auf diesen Einfall gekommen waren und nicht wir. Ich lief sofort zu Mama und fragte, ob ich dürfe.

Mama fand, dass kleine Mädchen nicht auf Heuböden schlafen dürften, aber ich sagte, Mädchen müssten doch auch manchmal ein bisschen Spaß haben, nicht immer nur die Jungen. Und da durfte ich.

Wir konnten fast nicht erwarten, dass es Abend wurde.

Lasse sagte: „Die Mädchen wollen auch auf dem Heuboden schlafen? Unmöglich! Das wagen die doch gar nicht. Wenn nun ein Gespenst kommt?"

„Und ob wir es wagen", sagten wir.

Und dann begannen wir, Butterbrote zu streichen, die wir essen wollten, wenn wir in der Nacht Hunger bekämen. Und da mussten die Jungen natürlich auch Butterbrote streichen.

Um acht Uhr gingen wir hinaus. Die Jungen wollten auf dem Heuboden des Mittelhofes schlafen und wir Mädchen auf dem Heuboden vom Nordhof. Jeder hatte eine Pferdedecke mitgenommen. Ole nahm auch Swipp mit. Der Glückspilz hatte einen Hund!

„Gute Nacht, ihr kleinen Landstreicher", sagte Papa. Und Mama sagte: „Morgen früh kommt ihr wohl und kauft Milch. Das tun alle Land-streicher."

Als wir den Jungen gute Nacht sagten, rief Lasse:

„Schlaft gut! Wenn ihr könnt. Voriges Jahr haben sie auf dem Heuboden eine Kreuzotter gefunden. Ich möchte wissen, ob in diesem Jahr auch eine da ist."

Und Bosse sagte: „Vielleicht  - vielleicht auch nicht. Aber eine Masse Fledermäuse sind auf jeden Fall da. Huh, richtig eklig!"

„Ach, ihr armen Würmer!", sagten wir zu den Jungen. „Ihr habt vor Fledermäusen Angst? Da geht ihr besser nach Hause und legt euch in eure Betten."

Dann gingen wir mit unseren Pferdedecken und unseren Butterbroten auf den Heuboden. Draußen war es hell, aber da oben war es fast dunkel.

„Erster! Ich liege in der Mitte", rief ich.

Dann gruben wir uns in das Heu ein. Es roch herrlich, aber es pikste auch. Nachdem wir uns in die Pferdedecken eingewickelt hatten, lagen wir aber richtig gut.

Wir sprachen davon, wie es wohl wäre, wenn man ein richtiger Landstreicher wäre, der immer in Heuschobern schliefe. Inga sagte, sie glaube, das müsse ganz lustig sein.

Wir waren kein bisschen müde. Bloß hungrig. Wir aßen unsere Butterbrote auf, ehe es zu dunkel wurde. Aber schließlich war es so dunkel, dass wir nicht einmal mehr unsere Hände sehen konnten, wenn wir sie vor das Gesicht hielten.

Ich war froh, dass ich in der Mitte zwischen Britta und Inga lag. Es raschelte so komisch im Heu. Britta und Inga krochen näher an mich heran.

„Wenn nun ein richtiger Landstreicher kommt und sich im Heu schlafen legt", flüsterte Britta. „Ohne um Erlaubnis zu fragen."

Wir lagen still und überlegten eine Weile. Und dann hörten wir plötzlich ein Geheul. Ein furchtbares, unheimliches Geheul. Es klang, als ob tausend Gespenster gleichzeitig heulten. Dass wir nicht vor Schreck gestorben sind! Das taten wir nicht. Aber wir schrien. Nein, wie Lasse und Bosse und Ole lachten! Denn sie waren es, die so geheult hatten. Und

natürlich waren auch sie es, die im Heu geraschelt hatten, als sie heran-
gekrochen waren. Britta sagte, dass es gefährlich sei, Leute so zu
erschrecken. Dann könnte dem, der so erschrocken sei, das Blut in den
Adern gefrieren, und sie sagte, das würde sie ihrer Mama erzählen.
Aber da sagte Lasse: „Das war doch nur Spaß!"
Und Bosse sagte: „Altes Klatschmaul!"
Inga sagte, sie habe ein Gefühl, als ob das Blut in ihren Adern schon ein
bisschen gefroren sei. Schließlich gingen die Jungen auf ihren Heuboden
zurück.
Wir dachten schon daran, hinüberzuschleichen und sie auch zu erschrecken,
aber wir mochten es doch nicht tun, denn wir waren müde geworden.
Wir erwachten davon, dass der Hahn am Nordhof krähte, und dadurch,

dass wir froren. Huh, war das kalt! Wir wussten nicht, wie spät es war, aber wir dachten, es müsse wohl Zeit sein aufzustehen.

Gerade als wir die Nasen aus dem Scheunentor steckten, kamen Lasse, Bosse und Ole aus der Mittelhofscheune. Sie froren auch. Wir liefen in unsere Küche, um uns aufzuwärmen. Aber da war noch keine Menschenseele! Sie schliefen alle noch, denn es war erst halb fünf. Gleich darauf klingelte jedoch Agdas Wecker. Sie musste aufstehen und melken. Und sie gab uns allen warme Milch und Brötchen. Oh, wie das schmeckte! Nachher kroch ich schnell ins Bett, denn ich wollte gern noch ein bisschen schlafen. Es muss ein sehr kluger Mensch gewesen sein, der das mit den Betten erfunden hat, denn man schläft in seinem Bett tatsächlich besser als im Heu.

*Astrid Lindgren*

# Der Schneemann

*E*s war einmal eine schöne Winterzeit, Schnee war gefallen, und die Welt sah ganz altmodisch aus. Im Garten stand ein großer, runder, schneeweißer Schneemann. Sein Hut war ein Blumentopf, die Nase eine kräftige Karotte, und die Augen und Mantelknöpfe waren Holzkohlenstücke, die die Kinder noch im Sommergrill gefunden hatten.

Die Kinder, ja, den ganzen Tag über hatten sie an ihm gebaut, und jetzt standen sie stolz am Fenster und schauten zu ihm hinüber. Sie waren sogar sehr stolz, und weil noch Platz in ihrem Herzen war, hatten sie ihn auch sehr gern.

Drei Tage stand er so, dann kam über Nacht das Tauwetter, und als die Kinder am nächsten Morgen zu ihrem Schneemann hinaussahen, da war er sichtlich kleiner geworden, allerdings – nicht nur sein Körper, auch die Karotte, auch der Blumentopf und die Kohlenstücke. So ging es nun Tag um Tag. Am siebten Morgen stand da immer noch ein perfekter, einige Zentimeter hoher Schneemann, und erst am achten war nichts mehr da außer einem winzigen Blumentopf.

Im Frühling aber wuchs ein grüner Zipfel aus der Erde, der sich bald auffächerte, und als die Kinder – die nichts verraten, aber auch nichts vergessen hatten – eines Tages daran zogen, kam eine prachtvolle Karotte zum Vorschein. Die hielten sie unter den Gartenschlauch, und dann aßen sie sie gemeinsam auf: sie schmeckte wunderbar, und es erstaunte sie gar nicht, dass sie mit einem Mal auch die Kohlenstückchen im Gras wiedersahen, die dort ungefähr so lagen wie ein Sternbild.

*Jochen Jung*

89

# Der Löwenbändiger

„*P*apa, wo bist du?"

Bruno kommt zur Tür herein getapst, wie ein kleiner Elefant. „Tötrööt!"
Den ganzen Nachmittag hatte er mit Mama im Zoo verbracht.
Die Elefanten waren Brunos Lieblingstiere. Obwohl sie riesengroß sind,
bewegen sie sich langsam und bedächtig und machen einen sehr fried-
lichen Eindruck. Anders als bei den gefährlichen Raubkatzen oder den
wilden Bären hätte Bruno beim Elefantengehege noch stundenlang stehen-
bleiben können. Aber Mama drängelte. „Komm, Bruno, wir müssen nach
Hause. Es ist spät und Papa wartet schon auf uns."
Aber so viel Bruno zu Hause auch ruft und sucht, Papa ist nicht da.
Statt dessen liegt ein Zettel auf dem Tisch:
*Mußte noch zu einem Notfall. Es kann spät werden. Kuss Papa!*
„Mannometer!" Bruno stampft mit dem Fuß auf. „Immer diese blöden
Notfälle! Können sich die Leute denn keinen anderen Arzt suchen, als
ausgerechnet Papa?"

„Aber Bruno! Es ist doch toll, dass Papa den Menschen helfen kann." Mama stellt das Abendbrot auf den Tisch und schaut fragend herüber. Aber Bruno stützt das Kinn in die Fäuste und macht ein grimmiges Gesicht.

„Aber es ist nicht toll, dass er mich deshalb nicht ins Bett bringen kann!" Mama schiebt Bruno ein Butterbrot rüber. „Dann mache ich das eben heute mal", versucht sie Bruno zu trösten. „Oder denkst du, ich kann das nicht?" Bruno isst schweigend sein Käsebrot. Dann schlurft er ins Badezimmer, putzt sich die Zähne und zieht seinen Schlafanzug an.

„Bruno, du bist ja schon fertig! Geh' doch schon mal vor", sagt Mama. „Ich lese schnell noch die Zeitung. Dazu bin ich heute noch gar nicht gekommen."

„Zeitunglesen! Auch das noch", denkt Bruno. Das war mal wieder typisch Mama! Doch kaum hat Bruno zwei Schritte in sein Zimmer gemacht, bleibt er wie angewurzelt stehen.

Was war das dort, vor seinem Bett?

„Mama! Komm schnell! Ein Löwe sitzt vor meinem Bett!" Brunos Stimme zittert ein bisschen. Das musste Mama eigentlich gehört haben. Aber sie bleibt ganz ruhig bei ihrer Zeitung sitzen.

„Ein Löwe?" fragt sie völlig unerschrocken. „Schau' doch noch mal genau, Bruno." Bruno schaut ganz genau.

„Mama! Jetzt sitzt neben dem Löwen auch noch ein Bär. Komm schnell!" Mama raschelt mit der Zeitung. „Vielleicht haben die beiden Lust mit dir zu spielen."

„Spielen!", schreit Bruno lauthals. „Aber Mama, ich glaube, die wollen mich fressen!" Brunos Beine waren schon eiskalt.

„Mama! Kann ich nicht bei dir im Bett schlafen?"
Mama überlegt kurz, dann schüttelt sie hinter ihrer Zeitung den Kopf.

„Tut mir leid, Bruno. Das ist leider unmöglich. Vor meinem Bett sitzt nämlich ein ganzes Rudel Wölfe und fletscht die Zähne."
Bruno reißt die Augen auf. „Und, Mama, hast du keine Angst?" Jetzt zittert seine Stimme noch ein wenig mehr.

„Ach nein", antwortet Mama, „ich weiß eben, wie man mit ihnen umgehen muss."

Bruno staunt. „Jetzt sag schon, Mama, was machst du denn?", fragt er ungeduldig.

„Ganz einfach", sagt Mama, „ich schaue ihnen sehr fest in die Augen und dann greife ich zu meiner Geheimwaffe."

Jetzt begreift Bruno gar nichts mehr. Waffe? Mama besaß nie im Leben eine Waffe. Und schon gar nicht im Geheimen. Sie hasst alles, was laut knallt. „Und was soll das für eine geheime Waffe sein?", fragt er trotzdem.

„Kaugummi!", Mamas Stimme klingt ganz ernst.

„Wenn du willst, Bruno, kannst du dir in der Küche auch ein Päckchen holen. Ich glaube, da liegt noch eins."

Bruno bleibt die Spucke weg. Er läuft sofort in die Küche. Auf dem Rückweg bleibt er bei Mama stehen. „Und diese Ungeheuer fressen tatsächlich Kaugummi?"

Mama legt die Zeitung zusammen. „Manchmal fressen sie ihn wirklich", sagt sie. „Aber meistens reicht es schon, wenn du sie nur daran riechen lässt."

Bruno versteht sofort. „Du meinst, sie werden dann ganz friedlich sein und mir nichts tun?"

„Ganz genau!" Mama lächelt und sieht Bruno fest an.

Er schlägt die Augen nieder und betrachtet die bunte Packung in seiner Hand. „Und wenn morgen früh noch etwas übrig ist vom Kaugummi?", kommt es ihm plötzlich in den Sinn.

„Dann kannst du ihn ja essen", sagt Mama.

Auf einmal hatte Bruno überhaupt keine Angst mehr. Er umarmt Mama und gibt ihr einen Kuss. „Du hast wirklich tolle Geheimwaffen! Aber – psst – sag Papa nichts von den wilden Tieren in unserer Wohnung! Das will ich ihm morgen selber erzählen."

Mama drückt Bruno so fest, dass ihm beinahe der Kaugummi aus der Hand gefallen wäre. „Abgemacht, mein großer Löwenbändiger!"

„Gute Nacht, Mama!"

*Brigitte Jünger*

# Wiegenlied

Schaukeln und gaukeln,
halbwachender Traum.
Schläfst du, mein Kindchen?
Ich weiß es kaum.

Halt zu dein Äuglein,
draußen geht der Wind;
spiel fort dein Träumlein,
mein herzliebes Kind!

Draußen geht der Wind,
reißt die Blätter vom Baum,
reißt die Blüten vom Zweig;
spiel fort deinen Traum!

Spiel fort deinen Traum,
Blinzäugelein!
Schaukelnd und gaukelnd
sitz ich und wein.

*Wilhelm Raabe*

# Der Sonnenwürfel

Bastian steht im Garten und schaut der Sonne zu, wie sie zu Bett geht. Dunkelrot glühend hängt der Feuerball über dem Horizont.

„Warum ist die Sonne eigentlich rund?", fragt sich Bastian. „Wieso ist sie nicht eckig?"

Er neigt seinen Kopf mal nach links, mal nach rechts. So steht er im Garten, bis die Sonne den Horizont berührt. Dann dreht er sich um und will gerade ins Haus gehen. Da fällt sein Blick auf einen rotbackigen Apfel, der ihn vom Baum herüber grinsend anguckt.

„Was lachst du mich aus, du dummer, roter Apfel?"

Bastian geht zum Baum und betrachtet den glänzend runden Apfel.

„Du bist so rund wie die liebe Sonne. Und rot bist du auch."

Wieder neigt er seinen Kopf, wobei er den Apfel prüfend mustert.

„Aber einen Stiel hat die Sonne nicht", sagt Bastian leise, pflückt den roten Apfel und beißt hinein. „Mmmmh, du schmeckst aber gut."

Während Bastian den süßen, saftigen, roten Apfel so richtig genießt, kommt ihm plötzlich ein seltsamer Gedanke:

„Ob man die Sonne auch essen kann? – Ach nein – die ist viel zu heiß. – Aber saftig ist sie auch."

Sein Vater hat ihm erst gestern erzählt, dass die Sonne ein großer, flüssiger Lavaball sei. „Flüssig, also saftig", folgert Bastian logisch.

Während er diesen Gedanken so durch seinen Kopf wandern lässt, bekommt er allmählich Angst.

„Hoffentlich isst niemand die Sonne auf. Vielleicht ein riesiger Drache."

Schnell rennt Bastian ins Haus. Er stürzt in die Küche, wo seine Eltern gerade das Abendessen zubereiten.

„Mamaaa! Papaaa! Kann man die Sonne essen?"

„Was kann man?", fragt Bastians Vater vollkommen verwirrt.

„Ja, essen. Kann man die Sonne essen?"

„Die Sonne? Wieso? Wie kommst du darauf?"

Doch Bastians Mutter antwortet sofort: „Aber nein, Bastian, sie ist doch viel zu groß."

„Aber ein riesiger Drache kann sie schon fressen", gibt Bastian zu bedenken.

„Aber nein, Bastian", sagt nun sein Vater.

„Sie ist doch viel zu heiß." Da stampft Bastian mit beiden Beinen fest auf den Fußboden.

„Ach was. Ein riesiger Drache kann sie schon fressen. Der kann auch Feuer speien. Dem ist die Sonne niemals zu heiß."

Nun gehen den Eltern die Argumente aus. Sie schauen ihren Sohn nur unschlüssig an. Da ist Bastian plötzlich überzeugt, dass heute Nacht der große Weltraumdrache kommt und die Sonne auffrisst. Traurig sagt er leise:

„Morgen kommt die Sonne nicht mehr."

Mit diesen Worten dreht er sich um und rennt aus der Küche. Er eilt zum Wohnzimmerfenster und schaut traurig zum Horizont, wo der glühend rote Sonnenball gerade verschwindet.

„Wenn die Sonne eckig wäre", denkt er laut, „mit vielen spitzigen Ecken, dann hätte der Drache Angst und würde sie sicher nicht fressen. – Sonne! warum bist du nur so rund?"

Da bemerkt er den Apfel in seiner Hand und beißt sogleich ein Stück ab.

„So, so wird er dich fressen", murmelt er unverständlich mit vollem Mund.

Genau in diesem Moment kommt sein Vater ins Zimmer und sieht, wie Bastian wütend an seinem Stück Apfel herumkaut.

„Was machst du denn, Bastian?"

Rasch schluckt Bastian den Bissen hinunter.

„Warum ist die Sonne nicht eckig, Papa?"

Schweigsam stehen beide am weit geöffneten Fenster.

Schließlich sagt Bastians Vater: „Schau her, Bastian. Überlege doch mal. Wäre die Sonne eckig wie ein Würfel, dann könnte der liebe Gott den Sonnenball nicht mehr über den Himmel rollen. Dein Fußball ist doch auch rund. Oder würdest du gern mit einem eckigen Ball spielen?"

„Nein", antwortet Bastian zustimmend.

„Siehst du."

„Aber – mein Fußball hat schwarze und weiße Flecken. Die Sonne ist aber ganz rot – und heiß."

„Schon, schon. Stell dir aber doch mal vor, die Sonne hätte auch so schwarze und weiße Flecken wie dein Fußball. Würde dir das gefallen?"

„Nein. Oder – doch – das wäre echt lustig."

„Das vielleicht schon, Bastian, doch sie wäre dann nicht so heiß. Und es ist doch schön, dass es tagsüber so warm draußen ist."

„Stimmt auch wieder."

„Ja, die Natur weiß schon, was dir gefällt."

„Aber der Drache?"

„Der Drache wird sich hüten, den Sonnenball zu verschlingen."

„Und wieso? Feuer schmeckt ihm doch so gut."

„Ganz einfach: Dann könnte der Drache mit dem lieben Gott nicht mehr Ball spielen."

Das leuchtet Bastian irgendwie ein. Er winkt zum Fenster hinaus und ruft: „Tschüß, liebe Sonne. Und jetzt hab ich Hunger."

Mit diesen Worten eilt er in die Küche zurück und ruft seiner Mutter entgegen: „Mamaaaa, ich habe Hunger und die Sonne ist gerettet!!!"

*Hans Fries*

# Kapitel 3

## *Tiere zur Schlafenszeit*

98

# Das Himmelsdrachenfest

Einmal, in einer klaren Nacht, kann Lotte nicht schlafen. Sie lugt nach den Schatten an der Decke und horcht gespannt ins Zimmer. Alles ist still. Heute Abend ist Lotte alleine zu Hause.

„Meine große Lotte", hatte Papa gesagt, „du brauchst keine Angst zu haben! Der Hund passt auf und wir sind auch bald wieder da!"

Lotte seufzt und nimmt Nettchen, ihre Lieblingspuppe, in den Arm.

„Willst du mir nicht wenigstens noch etwas erzählen?", flüstert sie. Doch Nettchen schläft schon. Sie steht auf, schlüpft in die dicken, roten Socken und schleicht zum Fenster. Ob Mama und Papa nicht bald kommen?

Lotte nimmt das Fernglas, mit dem Papa ihr manchmal die Sterne zeigt und blickt in die Dunkelheit. Weit und breit ist niemand zu sehen. Nur die dunklen Häuser grüßen herüber, und die schwarzen Bäume verneigen sich im Wind. Und der Himmel? Der ist weit. Sehr weit. Und er wird immer grauer. Doch halt – was ist das?

Oben am Himmel beginnt es zu poltern. Lauter und immer lauter. Lotte dreht an der Schraube ihres Fernglases, um alles ganz deutlich sehen zu können. Plötzlich sieht sie einen Drachen, ein ausgewachsener Drache steht am Himmel. Und immer, wenn er seinen mächtigen Drachenschwanz niederfahren lässt, ist ein krachendes Donnern zu hören.

Sehr zufrieden scheint der Drache damit allerdings nicht zu sein, denn große Drachentränen laufen über sein Gesicht: „Ach, was soll ich nur immer über den Himmel ziehen und donnern und donnern. So allein macht's mir keinen Spaß!"

Der Drache zieht weiter, jammernd und donnernd. Es dauert jedoch nicht lange, da kommt ein zweiter Drache daher. Immer, wenn er seine Augen zusammenkneift, schießen helle Blitze hervor und erleuchten die Nacht.

„Na, wollen wir beide uns nicht zusammentun?", spricht er den anderen Drachen an. „Ich mache das Feuerwerk und du schickst einen Pauken-schlag hinterher. Wie gefällt dir das?"

Damit ist der andere Drache sehr einverstanden. Er freut sich auch, dass er nicht länger alleine ist. Doch kaum haben die zwei ihr blitzendes und donnerndes Spektakel begonnen, da gesellt sich auch schon ein dritter Drache hinzu und ruft: „He, ihr beiden, hicks, lasst mich mitmachen. Ich will euch Dampf machen, hicks." Und jedesmal, wenn ihn wieder sein gewaltiger Schluckauf packt, quillt aus seinem Drachenmaul dickes, schwarzes Gewölk und verdüstert den Himmel.

„Aber nicht ohne mich! Aber nicht ohne mich!", ruft sogleich ein vierter Drache, bläst die Backen auf und jagt mit seinem stürmischen Drachenatem die dunklen Wolken über den Himmel.

So geht es eine ganze Weile. Die Drachen treiben es immer toller.

Doch da nähert sich langsam und majestätisch ein großer, alter Drache. „Halt, ihr Drachenbande!", ruft er dazwischen, „jetzt reicht's mir aber mit eurem Getöse. Nehmt eure Drachenkünste und schert euch nach Hause!"

„Man wird doch wohl noch ein kleines Drachenfest veranstalten dürfen", rufen da die tobenden Drachen.

„Von wegen kleines Drachenfest! Trollt euch, ihr Drachenlümmel und macht Platz. Wenigstens eine Runde will ich in Ruhe spazieren gehen!" Gleich machen sich die vier Drachen auf und davon und blitzen und donnern, stürmen und heulen noch einmal ganz fürchterlich zum Abschied. „Endlich Ruhe", freut sich der rundbauchige Drachenalte. Dann klatscht er in die Hände, und tausend blinkende Sterne erscheinen am Himmel. Lotte folgt dem glänzenden Drachen noch eine ganze Weile mit ihrem Fernglas. Doch als sie sieht, dass alles ruhig bleibt, stellt Lotte das Glas aufs Fensterbrett zurück.

Was für ein Glück, dass ich nicht schlafen konnte, denkt sie und schleicht zurück in ihr Bett. Man verpasst ja sonst die interessantesten Dinge der Nacht. Da werden Mama und Papa morgen aber staunen! Und Lotte zieht sich die Bettdecke bis zur Nasenspitze und schläft sofort ein.

*Brigitte Jünger*

## Die drei Spatzen

In einem leeren Haselstrauch
da sitzen drei Spatzen, Bauch an Bauch.

Der Erich rechts und links der Franz
und mitten drin der freche Hans.

Sie haben die Augen zu, ganz zu,
Und obendrüber da schneit es, hu!

Sie rücken zusammen dicht an dicht.
So warm wie der Hans hat's niemand nicht.

Sie hören alle drei ihrer Herzlein Gepoch
Und wenn sie nicht weg sind, so sitzen sie noch.

*Christian Morgenstern*

# Der Polarbär reißt aus

„Es war einmal ein Polarbär",
begann der große Bär. „Der lebte
am Nordpol. Dort ist es im Sommer
den ganzen Tag hell, weil die Sonne
nicht untergeht. Da haben die
kleinen Bären viel Zeit zum Spielen."
„Was spielen sie denn?", wollte der
kleine Bär wissen.

„Sie graben Löcher ins Eis und fischen. Sie bauen Schneehöhlen, um
sich zu verstecken. Sie klettern auf die sieben großen Schneeberge und
rutschen wieder herunter. Sie polieren das Eis spiegelglatt und spielen mit
Eisstückchen Hockey."

„Die haben's gut!", seufzte der kleine Bär.

„Aber wenn der Winter kommt, dann ist es den ganzen Tag dunkel,
weil die Sonne nicht aufgeht. Da wurde es einem der kleinen Polarbären
einmal langweilig. Seeehr langweilig.

Und weißt du, was er gemacht hat? Er ist auf den höchsten der sieben
Eisberge geklettert. Bis er an den Himmel kam. Da ist er die Milchstraße
entlanggelaufen und von Stern zu Stern gesprungen.

Manchmal blieb er auch oben stehen und hat sich die Welt angeguckt.
Seine Mutter hat ihn inzwischen überall gesucht. Als der Mond aufging,
entdeckte sie seine Fußspuren am Himmel. Sie ist ihm nachgelaufen
und hat ihn wieder zurückgeholt. Aus den Fußstapfen des kleinen und
des großen Bären sind Sterne geworden. Man kann sie heute noch am
Himmel sehen und sie heißen überall in der Welt: der Große Bär und der
Kleine Bär."

„Das war eine hübsche Geschichte", sagte der kleine Bär. Und dann lief er
ans Fenster, um nach den Sternbildern am Himmel zu suchen.

*Ursel Scheffler*

102

# Der alte Löwe

Ein Löwe war alt und müde geworden. Er schaffte es nicht mehr, im Sprung die Gazelle zu fangen, und selbst das träge Wasserschwein war jetzt schneller als er und konnte vor ihm fliehen.

„Ich kann nicht mehr jagen", sagte sich der Löwe, „ich muss verhungern, wenn mir nicht eine List einfällt."

Er zog sich in seine Höhle zurück und tat so, als sei er matt, schwach und krank. Die Tiere, die an seiner Höhle vorbeikamen, hörten ihn stöhnen. Da wagten nun alle, die ihn vorher gefürchtet hatten, immer näher an seine Höhle heranzugehen. Manche waren gerührt, dass der König so schwach geworden war, und gingen in seine Höhle, um ihn zu trösten. Andere waren neugierig und wieder andere waren schadenfroh und wollten den Löwen sterben sehen. Aber keines der vielen Tiere, die in die Höhle des Löwen gingen, kam lebend heraus. Der Löwe hatte jetzt, wo er alt und müde geworden war, mehr zu fressen, als je zuvor.

Eines Tages kam ein Fuchs vorbei. Der Löwe sah ihn vor dem Eingang der Höhle stehen, streckte matt seine Vorderpfoten aus und sagte:

„Willkommen, du liebster meiner Untertanen."

„Wie geht es meinem König?", fragte der Fuchs.

„Bleib doch nicht draußen", bat der König. „Ich bin krank und werde bald sterben. Erzähle mir eine Geschichte, damit ich meine Schwäche und meine Krankheit vergessen kann."

„Ich wünsche dir, König, dass du bald wieder gesund und stark wirst", sagte der Fuchs. „Und dass du noch lange am Leben bleibst. Dasselbe aber wünsche ich mir auch. Und deshalb bleibe ich, wenn du erlaubst, lieber hier draußen vor der Türe. Ich sehe nämlich viele Tierspuren, die zu dir hinführen, aber ich sehe nicht eine, die wieder herauskommt."

*Aesop*

# Der Wachhund

Es war einmal ein reicher Mann, der hatte Angst, dass ihm Diebe seinen Besitz stehlen könnten. So ging er ins Tierheim und holte sich einen großen Hund. Der Hund hatte eine spitze Schnauze und helle Augen und sah ziemlich schlau aus.

„So", sagt der Mann, als sie daheim ankamen. „Hier wohne ich."

Er band dem Hund ein Lederhalsband um und legte ihn an eine Kette.

„Hübscher Garten", sagte der Hund.

Das ärgerte den Mann.

„Du sollst nicht reden", sagte er. „Du sollst mein Haus bewachen!"

„Tja", sagte der Hund. „Ich hab dein Haus nicht mal von innen gesehen. Ich muss schon kennen, was ich bewachen soll."

Der Mann seufzte. „Nun gut", sagt er dann.

Er band den Hund wieder los und nahm ihn mit hinein.

„Toll!", brummte der Hund. „So weiche Teppiche und so dicke Sessel!"

„Alles gehört mir!", der reiche Mann war stolz. „Schau nur in die Küche."

„Uii", jaulte der Hund, „riesig! Super! Aber ich muss wissen, was im Kühlschrank ist, damit ich es bewachen kann."

Der Mann fand das gut. Er gab dem Hund ein Kotlett und zeigte ihm das Schlafzimmer.

„Wundervoll!", bellte der Hund. „Ein so breites Bett!"

Und, – plumps, – sprang er hinein.

Hier werde ich neben dir liegen und auf dich aufpassen", sagte er. „Denn, was nützt dir der ganze Besitz, wenn *du* gestohlen wirst?"

Zuerst war der Mann ärgerlich. Dann dachte er nach. Und schließlich leuchtete es ihm ein.

Seitdem schlafen der reiche Mann und sein Hund zusammen im Bett. Sie schnarchen um die Wette. So laut schnarchen sie, dass kein Dieb auch nur daran denkt näher zu kommen.

*Gina Ruck-Pauquèt*

# Lach doch mal, kleiner Igel!

Die warme Sonne scheint in die Igelhöhle. Sie kitzelt den kleinen Igel an der Nase.

„Hatschi!" Da ist der Igel wach. „Du dumme Sonne!", schimpft er. „Warum hast du mich an der Nase gekitzelt?"

Der kleine Igel zieht einen Schmollmund. Die warme Sonne lacht. Sie sagt: „Heute ist ein schöner Tag. Steh auf, kleiner Igel, damit meine Sonnenstrahlen dich wärmen können."

„Verschwinde, du dumme Sonne!", brummt der kleine Igel. Und er kuschelt sich in seine Schlafdecke.

Die Schlafdecke sagt: „Lach doch mal, kleiner Igel! Heute ist ein so schöner Tag."

„Lass mich in Ruhe, du dumme Decke!", brummt der kleine Igel. Er kriecht aus seinem Bettchen und geht aus dem Zimmer. Die kleine Igelschwester ruft dem Igelbruder nach: „Nimm mich mit!". Aber der kleine Igel hört es nicht mehr. Er ist schon auf dem Weg in den Wald. Die warme Sonne hat sich hinter einer dicken Wolke versteckt.

„Sonne, wo bist du?", ruft der kleine Igel.

„Die warme Sonne hat sich hinter mir versteckt. Sie scheint nur für fröhliche Igelkinder", sagt die dicke Wolke. „Lach doch mal, kleiner Igel!"

„Lass mich in Ruhe, du dumme Wolke!", schimpft der kleine Igel. Die dicke Wolke ist wütend und schickt Regen zur Erde hinunter. Da wird der kleine Igel nass. Er stellt sich unter einen alten Baum.

„Hahaha!", lacht der alte Baum. „Du bist nass wie ein Waschlappen!" Der kleine Igel ist wütend.

„Lach doch mal, kleiner Igel!", sagt der alte Baum. „Wenn du lachst, scheint bald die Sonne wieder."

„Du dummer Baum!", schimpft der kleine Igel. „Lass mich in Ruhe!" Der kleine Igel geht weiter. Er pflückt Beeren. Dann setzt er sich auf einen Holzstoß. Aber die Beeren wollen ihm heute nicht schmecken.

„Sind die Beeren so sauer?", fragt der gelbe Schmetterling, der auf dem Holzstoß gelandet ist.

„Nein, sie sind zuckersüß", brummt der kleine Igel.

„Dann mach nicht so ein saures Gesicht!", sagt der gelbe Schmetterling. „Lach doch mal!"

„Lass mich in Ruhe, du dummer Schmetterling!", schimpft der kleine Igel. Der Schmetterling ist ganz traurig. Schnell fliegt er wieder fort. Vom Essen ist der kleine Igel ganz müde geworden. Er legt sich ins weiche Moos und deckt sich mit einem großen Farnblatt zu.

„Tirili, tirili!" Ein blauer Vogel sitzt im Moos. Er singt sehr schön. Aber der kleine Igel schimpft: „Sei still, du dummer Vogel!"

„Warum bist du denn so wütend, kleiner Igel?", fragt der blaue Vogel.

„Die warme Sonne, die dicke Wolke, der alte Baum und der gelbe Schmetterling haben mich so wütend gemacht", sagt der kleine Igel.

„Dann lach doch einfach mal, kleiner Igel!", meint der blaue Vogel.

„Lass mich in Ruhe, du dummer Vogel!", schimpft der kleine Igel. Er geht nach Hause. Da sitzt seine kleine Igelschwester auf ihrem Bettchen. Sie sieht sehr traurig aus. Denn ihr Bruder hat sie heute vergessen. Sonst darf die kleine Igelschwester nämlich immer mit in den Wald. Der kleine Igel sagt zu seiner Schwester: „Lach doch mal, liebe kleine Igelschwester!" Und dabei kitzelt er ihr Bäuchlein. Da muss das Igelmädchen lachen.

Und die Schmusedecke lacht mit. Und der kleine Igeljunge? Der lacht am lautesten. Nur schade, dass die warme Sonne, die dicke Wolke, der alte Baum, der gelbe Schmetterling und der blaue Vogel es nicht hören können.

Vor dem Einschlafen sagt der kleine Igel zu seiner Schwester: „Morgen gehen wir zur warmen Sonne, zur dicken Wolke, zum alten Baum, zum gelben Schmetterling und zum blauen Vogel. Dann lachen wir zusammen so laut, dass man es im ganzen Wald hören kann."

*Margret Nußbaum*

# Ein schlauer Fuchs

Das kleine Äffchen Attila stahl letztes Jahr dem Zoowärter Zacharias den Schlüsselbund aus der Hosentasche. Und hast-du-nicht-gesehen spazierten Attilas dicke Affenoma, der alte Affenopa und alle Affenbrüder und Affenschwestern schnurstracks aus dem Affenkäfig hinaus.

„Halt! Stopp! Stehen geblieben!", brüllte der Zoowärter Zacharias. „Das geht nicht!" – „Das geht sehr wohl!", lachte Attila übermütig und schloss auch alle anderen Käfige auf. War das ein Fest! Die Löwen nahmen ein Bad im Zooteich, die Giraffen aßen den Popcornstand leer, die Nilpferde schrieben Postkarten nach Afrika und die Wühlmäuse ließen Luftballons steigen. „Und was jetzt?", fragte ein Eisbär, der gerade das siebzehnte Himbeerzitroneneis am Stiel lutschte. „Jetzt …", Attila klatschte verschabernackt in die Pfoten, „jetzt gehen wir auf Menschen-fang!"

Die Tiere zogen in die Stadt. Vorne trompeteten die Elefanten, über ihren Köpfen flatterten die Papageien, in der Mitte trippelte eine Stachelschweinfamilie und hintendrein schlängelten sich die Kobras. Die Menschen machten große Augen und einer rief die Polizei. Die hatte aber ausgerechnet an diesem Tag Betriebsausflug. Die große Zootierparade lief als erstes an einem großen Hochhaus vorbei. Dort schnappten sie sich den ersten Menschen, einen Bürohengst. Den sperrten sie im Kamelgehege ein, zusammen mit seinen 23 Aktenordnern und einem Bleistiftspitzer. Auf einem Kleingartenfest entführten sie den zweiten Menschen, einen Partylöwen. Damit er hinter Gittern kräftig weiterfeiern konnte, ließen ihn die Tiere seinen Käfig mit Girlanden, Luftballons und bunten Birnchen schmücken. Aus einem Buchladen holten sich die Tiere gleich drei Menschen: eine Leseratte, einen Bücherwurm und eine Brillenschlange. Die fanden's im Faultierkäfig ganz bequem, denn sie hatten sich jeder einen Stapel Bücher mitgenommen. Schwieriger war's mit einem Angsthasen – ein Mensch, der zitterte und bibberte, obwohl ihm die Tiere kein Härchen krümmten. Ein Mann, der sich Pechvogel nannte, jammerte: „Ausgerechnet mir muss das passieren!" und zerbrach sogleich im Eulenkäfig einen Futternapf.
Zootiere kennen sich jedoch gut aus mit Menschen, weil sie den ganzen Tag Zoobesucher anschauen dürfen. Damit der Pechvogel sich also nicht so einsam fühlte, steckten sie gleich einen Menschen mit hinter Gittern, der gut zum Pechvogel passte: einen Unglücksraben. Ein Käfig nach dem anderen füllte sich mit Menschen – mit Sündenböcken und Unschuldslämmern, Paradiesvögeln und Platzhirschen, Landratten und Lackaffen. Ein kleines Mädchen, das Attila die Zunge herausstreckte, durfte, samt ihrer Steinschleuder, in den Affenkäfig ziehen, der von da an „Frechdachskäfig" hieß. Als der Zoo fast voll mit Menschen war, stolzierten die Tiere die Fußgängerzone hinunter, die ab sofort Pfotengängerzone hieß. Der Eisbär wollte alle zur Feier des Tages zu einem Himbeerzitroneneis am Stiel einladen. Plötzlich stellte sich ein Junge den Elefanten in den Weg. „Was bist du für einer?", rief Attila, der auf dem Kopf der größten Elefantenkuh ritt.

Das Äffchen wusste nicht, dass er Zeno, den Sohn von Zacharias,
dem Zoowärter, vor sich hatte. „Ich bin der Junge, der schneller als die
Geparde, stärker als die Gorillas, flinker als die Wüstenrennmäuse und
lauter als die Ringelrobben ist!", prahlte der kleine Zeno. „Deswegen
möchte ich im größten Gehege wohnen – im Löwengehege!" – „Muss
das sein?", murrte ein gebrechlicher Löwe, der sich den ganzen Tag
schon darauf gefreut hatte, abends in seine Löwenwohnung zurück-
zukehren, die als einzige noch leer stand.
Attila klatschte verschabernackt in die Pfoten: „Wir wollen doch mal
sehen, ob der kleine Mensch da unten wirklich so schnell und stark und
flink und laut ist, wie er behauptet!" Die ganze Meute drehte sich behag-
lich wieder Richtung Zoo. Das Himbeerzitroneneis am Stiel konnte man
ja immer noch später essen, wenn sich der kleine Angeber erst einmal
blamiert hatte.

Bis in die letzte Fellhaarspitze gespannt setzten sich alle Zootiere vor das Gehege und schauten erwartungsvoll den Jungen an, der sich breitbeinig auf den Löwenfelsen stellte. „Und?", Attila klatschte verschabernackt in die Pfoten. „Beweis uns, was du gesagt hast!" – „So geht das nicht!", rief Zeno. „Wie soll ich denn beweisen, dass ich schneller als ein Gepard bin, wenn hier gar keine Geparden sind?" Gemächlich schlenderte das Gepardenpärchen ins Gehege. „Und wie soll ich zeigen, dass ich stärker als ein Gorilla bin, wenn ich mich mit keinen messen kann?" Nun hangelte sich auch die Gorillafamilie durch die Käfigtür. Immer unverschämtere Behauptungen stellte der kleine Zeno auf: dass er im Dunklen geschickter als eine Fledermaus fliegen und mehr Ameisen als ein Ameisenbär aufsaugen könne. Schließlich saß das Äffchen Attila ganz alleine vor dem Gehege. Drinnen redeten alle Zootiere aufgeregt durcheinander und warteten auf Zenos Vorführung. Der aber dachte nicht daran anzufangen, sondern posaunte über alle Köpfe hinweg: „Außerdem kann ich besser klauen als Attila das Äffchen!"

Das war die schwerste Beleidigung, die er gegen Attila ausstoßen konnte. Empört stürzte das Äffchen in den Käfig, wo Zeno sich an der Gittertür postiert hatte. Gerade wollte Attila loskreischen: „Also, was ist jetzt, du kleiner vorlauter Menschenjunge!", als Zeno ihm die Schlüssel vor der Schnauze wegschnappte, durch die Tür glitt und sie mit dem größten Schlüssel fest abschloss. „Affendonnerwetter!", Attila nickte anerkennend. „Du kannst wirklich besser klauen als ich!" Alle Tiere klatschten begeistert Beifall. „Jetzt zeig uns aber auch, dass du schneller als ein Gepard und stärker als ein Gorilla bist!" Zeno spielte mit dem Schlüssel und schüttelte den Kopf. „Ich denk' ja gar nicht dran!" Attila schimpfte: „Erst versammelst du uns alle im Löwengehege und spannst uns auf die Folter und jetzt passiert gar nichts! Du bist mir ja ein komischer Vogel!" „Ich bin kein komischer Vogel", lächelte Zeno, „ich bin ein schlauer Fuchs."

Und dann ließ er alle Menschen wieder frei.

*Stephan Geesing*

110

# Der große zottige Bär

„*E*s war in einem kleinen Landstädtchen", sagte
der Mond, „ich sah es voriges Jahr. Drunten in
der Wirtsstube saß der Bärenführer und aß sein
Abendbrot. Der Bär stand draußen an den Holz-
stall angebunden, der arme Bär, der niemandem
etwas zuleide tat, obgleich er grimmig genug
aussah.

Oben im Erkerstübchen spielten in meinen klaren
Strahlen drei kleine Kinder, das Älteste war höchs-
tens sechs Jahre alt, das Jüngste nicht mehr als
zwei.

Klatsch, klatsch! kam es die Treppe herauf. Wer
konnte das sein?

Die Tür sprang auf – es war der Bär. Der große
zottige Bär! Es war ihm langweilig geworden,
drunten im Hofe zu stehen, und er hatte nun den
Weg die Treppe hinauf gefunden. Ich hatte alles
mitangesehen!", sagte der Mond.

„Die Kinder waren so erschrocken über das große zottige Tier, dass jedes
in eine Ecke kroch, aber er fand sie alle drei, beschnüffelte sie mit der
Schnauze, tat ihnen jedoch nichts! ‚Das ist gewiss ein großer Hund',
sagten die Kinder und streichelten ihn. Er legte sich auf den Boden.
Der kleinste Knabe wälzte sich über ihn und spielte, indem er sein gold-
lockiges Köpfchen in seinem dicken schwarzen Pelz verbarg. Nun holte
der älteste Knabe eine Trommel, schlug darauf, dass es dröhnte, und der
Bär hob sich auf beide Hinterbeine und begann zu tanzen, dass es eine
Freude war."

*Hans Christian Andersen*

111

# Die weiße Katze

Es lebte einmal eine schneeweiße Katze. Nachts lauerte sie vergeblich vor den Mäuselöchern. Nie kam eine Maus heraus. Die Mäuse sahen nämlich schon von innen ihr weißes Fell, und sie wussten, da sitzt wieder die weiße Katze. Sie liefen dann zu anderen Ausgängen, vor denen schwarze Katzen warteten, die konnten die armen Mäuschen nachts nicht sehen.

An einem Wintermorgen hatte unsere weiße Katze ein schreckliches Erlebnis. Über Nacht hatte es geschneit. Die ganze Welt war weiß, als sie am nächsten Morgen ihren Spaziergang machte. Sie blickte nach hinten, um ihren schönen Schwanz zu bewundern. Aber, o Schreck, er war weg. Sie konnte ihn nicht mehr sehen. Sie konnte nicht nur ihren Schwanz nicht mehr sehen, sie konnte sich selbst nicht mehr sehen. Alles war weiß. Sie war nicht mehr da und fühlte sich ganz verloren. Glücklicherweise entdeckte sie ihre Pfotenabdrücke im Schnee. Sie lief darauf zurück und blieb den ganzen Tag zitternd zu Hause.

So lebte die weiße Katze, bis sie eines Tages einen schwarzen Kater sah. Der war so pechschwarz, dass die weiße Katze sich sofort in ihn verliebte. Einen so schwarzen Kater hatte sie nie vorher gesehen. Auch der schwarze Kater verliebte sich in die weiße Katze. Eine so weiße Katze hatte er nie vorher gesehen.

„Ach", erzählte sie ihren Freundinnen, „er ist so schwarz, dass man im Dunkeln nur seine Augen sieht. Und wenn er sie zumacht, sieht man nichts mehr von ihm. Ist das nicht schön?"

„Ach", erzählte der schwarze Kater seinen Freunden, „sie ist so weiß, dass man im Schnee nur die Abdrücke ihrer Pfoten sieht und ihre Augen. Nur, wenn sie lacht, sieht man noch ihre kleine rote Zunge. Ist das nicht schön?"

Alle fanden das sehr schön. Und die beiden beschlossen zu heiraten. Sie mussten nur noch die Mutter des Katers fragen.

Die Katermutter war entsetzt, dass ihr Sohn eine Katze heiraten wollte, die noch nie eine Maus gefangen hatte. „Wie soll sie deine Kinder erziehen, wenn sie selbst nie eine Maus gefangen hat?", fragte sie.

„Aber das liegt doch nur daran, dass sie ein gutes Herz hat!", verteidigte sie der Kater.

„Nun ja", sagte die Katermutter nach einigem Überlegen. „Ich bin mit eurer Heirat einverstanden, wenn sie mir eine Maus bringt, die sie selbst gefangen hat. Die Maus muss aber lebendig sein. Ich gebe ihr drei Nächte Zeit." Dann ging die Katermutter mit hocherhobenem Schwanz davon.

Die weiße Katze fing ganz fruchtbar an zu weinen. Sie wusste nicht, wie sie eine Maus fangen sollte.

Der Kater tröstete sie: „Wir schaffen das schon. Ich kenne ein Loch, aus dem jede Nacht viele Mäuse kommen. Warte nur, bis es dunkel wird."

Als es dunkel war, legte sich die weiße Katze vor das Loch, das ihr der Kater gezeigt hatte, und wartete. Am nächsten Morgen wartete sie immer noch.

„Miau!", sagte der Kater. „Ärgere dich nicht. Nächste Nacht fängst du bestimmt eine Maus. Miau, ich zeige dir ein Loch in einer Scheune.

Wir machen vorher alle anderen Ausgänge zu, dann müssen die Mäuse kommen. Ich gehe sonst nur dorthin, wenn ich Gäste habe."

Den ganzen Tag arbeiteten die beiden schwer. Am Abend hatten sie dann alle Löcher zugestopft bis auf eines. Davor setzen sie sich und warteten.

Die weiße Katze konnte in der Dunkelheit den schwarzen Kater nicht mehr sehen.

„Wo bist du?", fragte sie ängstlich. „Bitte, mach deine Augen auf, damit ich dich sehen kann."

Da machte der Kater langsam seine Augen auf, und sie sah zwei glühende Striche, die allmählich zu glühenden Punkten wurden.

Oh, ist er schön! dachte sie und verliebte sich noch mehr in ihn.

„Psst! Hörst du nichts?", flüsterte der Kater.

Sie spitzte die Ohren. Dann hörte sie eine Mäusestimme: „Schnell zurück, Opa! Geh nicht hinaus! Siehst du nicht, dass dort eine weiße Katze wartet? Schnell, Kinder, zieht an Opas Schwanz. Der Arme muss jetzt aber wirklich eine Brille tragen."

Dann wurde es mäuschenstill. So blieb es die ganze Nacht.

Am nächsten Morgen sagte der Kater: „Ja, miau, du bist wirklich zu weiß."

Die weiße Katze weinte jämmerlich.

„Miau!", sagte der Kater. „Es muss einen Ausweg geben. Ich glaube, ich habe eine Idee. Du solltest zu einem Friseur gehen und dich färben lassen."

Dann gingen sie beide zu einem Friseur, und die weiße Katze sagte: „Miau, Herr Friseur, ich möchte, dass Sie mich färben. So schwarz wie diesen Kater hier."

„Möchten Sie nicht auch eine Dauerwelle?", fragte der Friseur.

„Nein, ich bin doch kein Pudel. Nur färben", sagte die weiße Katze.

„Gut!", sagte der Friseur. Er nahm einen großen Eimer und machte viel schwarze Farbe. Dann fasste er die weiße Katze an ihrer äußersten Schwanzspitze und tauchte sie dreimal in die schwarze Farbe. Als er fertig war, setzte er die Katze vor einen Spiegel, damit sie sich anschauen konnte. Die Katze betrachtete sich lange. Sie konnte sich kaum erkennen. Aber sie gefiel sich. Sie war pechschwarz, nur die Schwanzspitze war noch weiß.

„Oh!", miaute der Kater entzückt, „heute Nacht wirst du bestimmt eine Maus fangen."

Als es dunkel war, setzten sie sich wieder vor das Mauseloch in der Scheune. Aber es kam keine Maus.

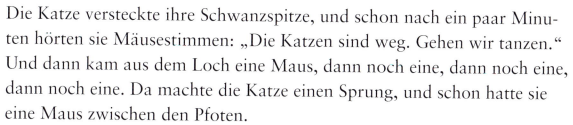

„Vielleicht mußt du deine Schwanzspitze verstecken", flüsterte der Kater. „Sie ist noch zu weiß."

Die Katze versteckte ihre Schwanzspitze, und schon nach ein paar Minuten hörten sie Mäusestimmen: „Die Katzen sind weg. Gehen wir tanzen." Und dann kam aus dem Loch eine Maus, dann noch eine, dann noch eine, dann noch eine. Da machte die Katze einen Sprung, und schon hatte sie eine Maus zwischen den Pfoten.

„Bitte, bitte, lass mich laufen!", bettelte die Maus.

„Oh, wie weich du bist! Und wie schön du riechst!", sagte die Katze.

„Es tut mir leid, ich kann dich nicht laufen lassen. Du bist das Hochzeitsgeschenk für meine Schwiegermutter. Ich muss dich lebendig haben, sonst kann ich nicht heiraten. Du musst meiner Schwiegermutter bestätigen, dass ich dich selbst gefangen habe."

„Gut! Aber du darfst mir vorher nichts antun."

„Ich habe noch nie einer Maus etwas angetan", miaute die Katze. „Ich bin jetzt gefärbt. Sonst bin ich weiß, dass mich die Mäuse schon von weitem sehen."

„Oh, ich kenne dich. Du bist die weiße Katze, die letzte Nacht hier war. Wir haben alle gesagt, es wäre schön, wenn alle Katzen so weiß wären." Die Katze hielt die Maus vorsichtig in den Pfoten und zeigte sie glücklich dem Kater. Dann gingen sie wieder zum Friseur, und die Katze sagte: „Ich möchte wieder so weiß sein wie gestern."

Der Friseur nahm einen großen Eimer und machte viel weiße Farbe.

„Ihren Schwanz bitte!" sagte er zu der Katze.

Sie gab dem Kater die Maus, damit er auf sie aufpasse und damit sie nicht auch weiß würde. Ihre Schwiegermutter könnte sonst denken, sie hätte eine weiße Maus in einer Zoohandlung gekauft. Die Katze hob ihren Schwanz, der Friseur fasste ihn wieder an der Spitze und tauchte sie dreimal in die Farbe. Jetzt war die Katze wieder so weiß wie früher. Der Kater schnurrte zärtlich: „So gefällst du mir doch am besten."

Sie liefen schnell mit der Maus zur Katermutter.

„Hier ist die Maus!"

„Oh! Wirklich!" Die Maus stellte sich tot.

„Ich wollte aber eine lebendige Maus", miaute die Schwiegermutter.

„Diese hier ist tot. Ich kann mir schon vorstellen, wie ihr es gemacht habt. Mein Sohn hat die Maus gefangen, damit ihr heiraten könnt."

In diesem Moment sprang die Maus aus den Pfoten der Schwiegerkatze und rief: „Ich bin lebendig, und die weiße Katze hat mich gefangen. Du bist eine blöde alte Katze, die eine lebendige Maus nicht von einer toten unterscheiden kann!" Dann lief sie schnell unter einen Schrank.

So mußte die Schwiegerkatze der Heirat zustimmen. Der pechschwarze Kater und die schneeweiße Katze heirateten, und sie bekamen viele schwarzweiße Kätzchen. Und niemand aus dieser Katzenfamilie hat je einer Maus etwas zuleide getan.

*Dimiter Inkiow*

# Die Siebenschläfer

„Ja, zum Donnerwetter!", ruft die Mutter am Morgen, „wollt ihr denn heute gar nicht aufstehen, ihr Siebenschläfer?"

„Nein", brummt Karin, „heute ist nämlich das Fest der Siebenschläfer, da dürfen wir bis abends um sieben Uhr schlafen."

„Genau", gähnt Peter und kuschelt sich tief in die Federn.

„Nichts da", lacht die Mutter, „wisst ihr eigentlich, wer die Siebenschläfer überhaupt sind?" Peter und Karin lauschen mit halb geschlossenen Augen ihrer Mutter: „Vor langer Zeit wurden einmal sieben junge Männer von bösen Leuten in eine Höhle eingemauert. Sie schliefen dort zweihundert Jahre lang und erwachten am 27. Juni. Deshalb feiern wir noch heute ihr Fest."

„Schön, zweihundert Jahre schlafen", seufzt Karin.

„Nichts da!", ruft die Mutter, „Siebenschläfer heißen nämlich auch die recht beweglichen Nagetiere mit dem langen buschigen Schwanz. Sie klettern nachts im Gebüsch herum und schlafen im Winter."

„Das möchte ich auch gerne", meint Peter.

„Hört mal, kennt ihr eigentlich den Spruch über das Wetter am Siebenschläfertag?", fragt die Mutter.

„Sag ihn uns", bittet Karin.

„Wenn die Siebenschläfer erwachen, wird der Himmel weinen oder lachen. Lacht er, kannst du sicher sein, sieben Wochen Sonnenschein! Weint er, kannst du darauf wetten, nichts wird dich vor Regen retten!", sagt die Mutter auswendig auf. Dann sieht sie aus dem Fenster und meint:

„Und weil es heute regnet, wird es also sieben Wochen lang regnen."

„Wo?", fragt Peter entsetzt.

„Was? Es regnet?", ruft Karin und springt aus dem Bett. Aber ein Blick aus dem Fenster genügt. Karin lächelt und schimpft:

„Mama, du Schwindlerin. Die Sonne scheint doch. Keine einzige Wolke ist am Himmel zu sehen."

„Ja", lacht die Mutter, „aber euch Siebenschläfer habe ich nur auf diese Weise aus den Federn holen können."

*Alfons Schweiggert*

# Das ästhetische Wiesel

*E*in Wiesel
saß auf einem Kiesel
inmitten Bachgeriesel.

Wisst ihr,
weshalb?

Das Mondkalb
verriet es mir
im Stillen:

Das raffinier-
te Tier
tat's um des Reimes Willen.

*Christian Morgenstern*

# Die weite Welt

„*I*ch gehe in die weite Welt hinaus", sagt Karl, der Igel, zu Franz, dem Fuchs.

„Dann pack' deine Sachen zusammen", erwidert Franz.

„Ja", meint Karl bestimmt und überlegt laut: „Aber was soll ich denn eigentlich mitnehmen?"

„Nichts", antwortet Franz.

„Nichts?" Karl schaut Franz erstaunt an.

„Ja – nichts. Du hast richtig gehört, Karl. Oder kennst du die weite Welt?"

„Nein", antwortet Karl verlegen, „deswegen will ich doch dorthin."

„Also", meint Franz, „wenn du die weite Welt nicht kennst, woher sollst du dann auch wissen, was du dort brauchst? Und ich kenne die weite Welt auch nicht. Wie soll ich dir dann raten, was du mitnehmen sollst?" Das leuchtet dem Igel ein. So beschließt er, heute Nacht einfach loszugehen.

Als die Sonne den Tag gerade verabschiedet und der Mond auf den Himmel klettert, macht sich Karl auf den Weg. Er hat nur etwas zum Essen in seinen Rucksack eingepackt. Sonst nichts.

Ach ja – und eine Taschenlampe, falls es ganz dunkel wird, damit er leuchten kann. Doch der Mond scheint in dieser Nacht so hell, dass Karl die Taschenlampe gar nicht braucht.

Karl geht immer dem Feldrand entlang, dem Mond entgegen.

Nach einer Stunde bleibt er stehen, schaut den Mond an und überlegt: „Ich sollte vielleicht auch dorthin gehen, wohin der Mond wandert."

So beschließt er umzudrehen.

„Wo der Mond hingeht, dort muss die weite Welt sein", denkt sich Karl, der Igel.

Nach einer Stunde sieht Karl wieder seinen Heimatort. Er steht an dem herrlich duftenden Feld am Bach. Dort unten ist niemand mehr wach. Alle schlafen schon. Karl wird traurig.

„Ob sie von mir träumen?", grübelt er.

Aber er erhält keine Antwort. So zieht er traurig weiter, an seiner Heimat vorbei, immer dem Mond nach, in Richtung Westen. Nach einer weiteren Stunde kommt er zu einer Bank, die auf einem Hügel steht. Dort setzt er sich ein wenig hin.

„Wozu habe ich eigentlich die Taschenlampe mitgenommen? Der Mond scheint ja so hell, da brauche ich sie gar nicht. Ich werde die Taschenlampe wieder heimschaffen, – wenn ich sie eh nicht brauche."

Und Karl macht sich auf den Weg nach Hause. Wieder eine Stunde lang ist er zu Fuß unterwegs. Daheim angekommen ist er arg müde vom vielen Wandern und eigentlich will er heute nicht mehr weitergehen. Er legt sich schnell ins Bett und denkt schläfrig:

„Morgen – morgen werde ich gehen. Ich muss mir nochmals gut überlegen, was ich mitnehme. Die Taschenlampe, die lasse ich dann aber daheim."

Der Mond leuchtet auf Karls Bettdecke. Karl setzt sich im Bett auf und schaut den Mond durchs geöffnete Fenster an.

„Wandere du heut' allein, lieber Mond. Morgen geh' ich mit dir mit."

Dann schläft Karl schnell ein.

*Hans Fries*

# Der Frosch und der Ochse

Ein Frosch sah einen Ochsen auf der Wiese gehen und dachte bei sich: „Wenn ich meine runzlige Haut tüchtig aufblase, so kann ich wohl auch so groß werden wie dieser Ochse."

Und er fing an, sich aufzublähen, so stark er nur konnte, und er fragte seine Brüder: „Nun, was meint ihr, bin ich bald so groß wie der Ochse?"

Aber sie lachten ihn aus. Da blies er sich noch stärker auf und fragte abermals: „Wie nun?"

Aber sie riefen lachend: „Nein, noch lange nicht."

„Dann will ich's euch zeigen", schrie er erbost und blies sich so heftig auf, dass er platzte.

*Karl Simrock*

# Die weiße Taube

Vor eines Königs Palast stand ein prächtiger Birnbaum, der trug jedes Jahr die schönsten Früchte. Aber wenn sie reif waren, wurden in einer Nacht alle geholt, und kein Mensch wusste, wer es getan hatte. Der König aber hatte drei Söhne, von denen der Jüngste für einfältig gehalten wurde und deshalb der Dummling hieß.

Da befahl der König dem ältesten Sohn, dass er ein Jahr lang alle Nacht unter dem Birnbaum wachen sollte, damit der Dieb einmal entdeckt werde.

Der tat das auch und wachte alle Nacht.

Der Baum blühte und war ganz voll von Früchten, und wie sie anfingen reif zu werden, wachte er noch fleißiger. Endlich waren sie ganz reif und sollten am anderen Tag abgebrochen werden. In der letzten Nacht aber überfiel den ältesten Sohn der Schlaf. Er schlief ein, und wie er aufwachte, waren alle Früchte fort und nur die Blätter noch übrig.

Da befahl der König dem zweiten Sohn, ein Jahr lang zu

wachen. Dem ging es nicht besser als dem Ersten. In der letzten Nacht konnte er sich des Schlafes nicht erwehren, und am Morgen waren die Birnen alle abgebrochen.

Endlich befahl der König dem Dummling, ein Jahr zu wachen. Darüber lachten alle, die an des Königs Hof waren. Der Dummling aber wachte, und in der letzten Nacht wehrte er sich den Schlaf ab. Da sah er, wie eine weiße Taube geflogen kam, eine Birne nach der anderen abpickte und forttrug. Und als sie mit der letzten fortflog, stand der Dummling auf und ging ihr nach. Die Taube flog aber auf einen hohen Berg und verschwand auf einmal in einem Felsenritz. Der Dummling sah sich um. Da stand ein kleines graues Männchen neben ihm, zu dem sprach er: „Gott segne dich!"

„Gott hat mich gesegnet in diesem Augenblick durch diese deine Worte", antwortete das Männchen, „denn sie haben mich erlöst. Steig du in den Felsen hinab, da wirst du dein Glück finden."

Der Dummling trat in den Felsen, viele Stufen führten ihn hinunter, und wie er unten ankam, sah er die weiße Taube ganz von Spinnweben umstrickt und zugewebt. Wie sie ihn aber erblickte, brach sie hindurch, und als sie den letzten Faden zerrissen hatte, stand eine schöne Prinzessin vor ihm. Die hatte er auch erlöst, und sie ward seine Gemahlin und er ein reicher König, der sein Land mit Weisheit regierte.

*Brüder Grimm*

# *Du bist noch viel zu klein!*

*I*n der weiten Steppe Afrikas lebt Randi. Randi ist ein kleines Elefanten-
mädchen. Meistens lacht sie und tollt ausgelassen durchs hohe Steppen-
gras. Vor allem abends vor dem Schlafengehen macht das Herumtollen
Spaß. Aber heute abend ist Randi traurig.
„Niemand mag mich!", jammert sie vor sich hin.
Sie hat großen Kummer. Denn ihre Schwester Banja und ihr Bruder
Margo wollen nämlich vor dem Schlafengehen noch ein Wettrennen
durch die Steppe machen. Die Nachbars-Elefantenkinder kommen auch
mit. Aber Randi soll zu Hause bleiben.
„Du bist noch viel zu klein", sagen Banja und Margo.
„Nehmt mich doch mit!", bettelt Randi.
„Kommt überhaupt nicht in Frage!", sagt Banja.

Und Margo meint: „Nein, du bist noch viel zu klein. Und damit basta!"
Randi weint dicke Elefantentränen. Traurig steht sie hinter einem Busch
und schaut den anderen Elefantenkindern nach. Wie gern wäre sie dabei!
Da kommt Randis Mama.

„Du weinst ja, mein Schatz!", sagt sie und legt ihren Rüssel um Randis
Hals. Das kleine Elefantenkind erzählt der Mama von seinem Kummer.
Die Elefantenmama streichelt ihrem Kind mit dem Rüssel sanft über den
Rücken. Dann sagt sie: „Ich habe eine Idee! Wir beide nehmen jetzt ein
Staubbad. Und anschließend gehen wir zur Wasserstelle und spritzen uns
gegenseitig nass. Du wirst sehen: Das macht einen Riesenspaß!"

„Oh ja!", ruft Randi. Und sie trompetet so laut, dass die Mama sagt:
„Nicht so laut, Randi! Das halten ja die größten Elefantenohren nicht
aus!"

Ganz besonders freut Randi sich auf das Wasserspritzen. Aber zuerst
wälzen Mama und Randi sich im Staub der Steppe, bis sie von der Erde
ganz braun geworden sind. Und dann geht's endlich zur Wasserstelle.
Die beiden sind schon ganz nass, als Banja, Margo und die anderen
Elefantenkinder vorbeikommen. Banja und Margo würden auch gern
mit Mama und Randi spielen. Aber die Mama meint: „Dafür seid ihr
beide doch bestimmt viel zu groß!"

Und dabei zwinkert sie Randi zu. Die beiden Elefantenkinder senken ihre
Köpfe und lassen ihre Rüssel traurig herunterhängen. Aber dann sagt
Margo: „Nein, dafür sind wir nicht zu groß. Zusammen spielen macht
nämlich viel mehr Spaß. Da kommt es nicht darauf an, ob jemand groß
oder klein ist."

Und Banja wackelt fröhlich mit den Ohren und trompetet: „Ab sofort
darfst du immer mitkommen, wenn wir abends noch ein Wettrennen
durch die Steppe machen, Randi!"

Die Mama lächelt zufrieden. Aber plötzlich nimmt sie mit ihrem Rüssel
Wasser auf und bespritzt Banja und Margo tüchtig. Und es gibt die
wildeste Elefanten-Wasserschlacht, die die afrikanische Steppe je erlebt
hat.

*Margret Nußbaum*

# Die kleine Raupe

Das Ei war klein. Winzig klein. Das Ei war kleiner als ein Stecknadelkopf. Es war ein Schmetterlingsei.

Aus ihm, von der Wärme der Sonne aufgewacht, schlüpfte eine kleine Raupe heraus. Sie war natürlich viel viel kleiner als das Ei.

Man konnte sie kaum sehen.

Sie war durchsichtig und winzig klein, fast ein Nichts. Aber das Nichts war sehr lebendig. Und hatte Hunger. Großen Hunger.

Die kleine, durchsichtige Raupe hob ihre Nase. Ihre Nase konnte keiner sehen. Auch ihren Kopf konnte kaum einer sehen. Sie wusste das aber nicht. Darum machte sie sich darüber keine Gedanken.

Um sie herum roch es appetitlich nach Baum, nach Wald und nach Blättern. Sie schaute sich um.

„Wie schön!", dachte sie. „Es ist viel zum Fressen da!"

Und sie stürzte sich gierig, ohne weiter nachzudenken auf das erste grüne Blatt.

Hamm – Hamm – Hamm.

Keiner kann sich vorstellen, was für scharfe Zähne und was für einen großen Mund kleine Raupen haben.

Hamm – Hamm – Hamm.

Man konnte denken, die kleine Raupe bestand nur aus einem Mund. Und einer kleinen Blase, die ihr als Bauch diente. Das grüne Blatt verschwand wie verzaubert zwischen ihren Zähnen. Und die kleine durchsichtige Blase dehnte sich und dehnte sich und wurde groß und grün.

Hamm – Hamm – Hamm …

Sie fraß ohne Pause.

Sie wurde vom Fressen nicht einmal müde. „Mein Gott habe ich Hunger!", dachte sie.

Hamm – Hamm – Hamm …

So vergingen Tage und Nächte. Die kleine Raupe wurde immer größer und größer. Sie wurde so groß wie ein Finger. Durchsichtig war sie nicht mehr. Sie bekam gelbe und schwarze Streifen an ihrem ganzen Körper entlang. Und auch Haare.

Ihr Hunger war jetzt nicht mehr so groß wie früher. Darum war sie bereit, manchmal Fresspausen zu machen. Sie hob dann ihren Kopf, um die große Welt rundherum zu sehen.

Mensch, war alles groß: der Ast auf dem sie saß, der Baum und die Wiese. Einmal nachts hat es schrecklich gedonnert, geregnet und geblitzt. Sie starb fast vor Angst.

Sie dachte, der Regen wird sie vom Baum herunterspülen. Dann wäre sie tot. Sie wollte aber auf keinen Fall sterben, weil sie noch Hunger hatte. Schnellstens kroch sie auf die untere Astseite und klammerte sich an den Ast mit all ihren Beinen.

Das hat sie gerettet.

Dort hat sie zwei Maikäfer kennengelernt. Sie hatten sich in einem Spalt der Baumrinde versteckt.

„Guten Abend!", grüßte sie höflich. „Schreckliches Unwetter, nicht wahr?"

„Schrecklich!" nickten die Maikäfer zusammen. „Schrecklich! Ein Glück, dass wir ein Versteck gefunden haben."

„Möchtet ihr nicht mit mir spielen?"

Die beiden Maikäfer schauten sich erstaunt an.

„Mit dir?"

„Ich habe niemanden zum Spielen."

„Aber, wie sollen wir mit dir spielen?", sagte einer der beiden Käfer. „Kannst du fliegen?"

„Nein."

„Schau' mal," sagte der zweite. „Wir spielen so!"

Sie flogen beide in die Luft und begannen Kunststücke zu machen. Sie flogen umarmt oder dicht nebeneinander. Oder verfolgten sich gegenseitig. Und wenn der eine den anderen einholte, dann setzte er sich auf seinen Rücken. Dann flogen sie zusammen, bis sie sich trennten und die

Jagd von neuen begann. Sie landeten atemlos neben der kleinen Raupe.

„Hast du es gesehen? So spielen wir."

„Ich kann leider nur krabbeln."

„Das sehen wir. Darum können wir leider mit dir nicht spielen. Nur krabbeln ist uns zu langweilig. Du musst dir jemanden suchen, der wie du nur krabbeln kann."

„Aber ich kenne niemanden."

„Such dir eine Raupe. Eine wie du."

„Hab ich schon, aber ich habe keine gefunden."

Die zwei Käfer schauten sich wieder gegenseitig an:

„Wir werden dir helfen! Wir werden eine Freundin oder einen Freund für dich finden."

Sie flogen um den Baum und begannen suchen.

„Raupe sucht Raupe zum Spielen," riefen sie, so laut wie sie nur konnten. Aber es war keine zweite Raupe zu finden.

Sie kamen müde und mit hängenden Köpfe zurück. „Es tut uns leid. Nichts zu finden. Wir glauben du bist die einzige Raupe weit und breit. Es tut uns leid."

Sie flogen weg und die kleine Raupe blieb sehr traurig und allein zurück.

„Keiner will mit mir spielen! Keiner will mit mir spielen!" Sie begann zu weinen. Ihre Tränen verwandelten sich in der Luft in dünne Fäden. Das fand sie lustig. „Davon kann ich mir einen Schlafsack stricken …", dachte sie. „Jawohl, ich stricke mir einen warmen Schlafsack. Da drinnen werde ich mich dann ausruhen und schlafen. Ich bin müde. Ich will schlafen … Ich muß nur noch mehr weinen, damit ich stricken kann …"

Nach einigen Stunden war ein dicker Schlafsack fertig. Ein Kokon.

„Ich will schlafen, ich will schlafen," dachte die kleine Raupe. „Ich werde träumen, dass ich ein Käfer geworden bin. Ich werde träumen, dass ich fliegen kann …"

Bald schnarchte sie.

Sie wusste nicht, wie lange sie schlief. Aber irgendwann wachte sie auf. Es war ihr schrecklich warm. Und auch schrecklich eng.

„Raus! Raus!", dachte sie. „Ich will raus. Wo bin ich denn?" Sie begann an ihrem Schlafsack zu nagen. Sie merkte, dass sie neue, scharfe Zähne hatte. Etwas hatte sich an ihr verändert. Aber was? Sie wusste es nicht.

Sie schlüpfte aus dem Kokon heraus, schaute sich um und merkte, sie war nicht mehr das, was sie früher war. Sie war kein Würstchen mehr mit vielen Beinen. Sie war ein Schmetterling geworden.

Ein Schmetterling, der seine Flügel ausbreitete und weg flog, um Spielkameraden zu suchen. Ihr Traum war wahr geworden.

*Dimiter Inkiow*

# Alle Tiere ins Bett

„Wenn du eine Farbe wärest, welche möchtest du sein?" fragt Karli.
„Rot", sagt Sandra, „rot wie Feuer, wie Ketschup, tomatenrot, erdbeer-rot, sonnenuntergangrot, rosenrot, knallrot!"
Minki lacht.
„Und ich blau!", ruft sie. „Vergissmeinnichtblau, himmelblau, jeansblau; so blau wie Brombeermarmeladeflecke."
„Ich möchte gelb sein", sagt Karli. „zitronengelb, mondgelb, briefkasten-gelb, postautogelb, gelb, gelb, gelb!"
„Und wenn du ein Tier sein solltest?", will Sandra wissen, „was wärest du dann gern?"
„Ist doch klar", sagt Karli, „ein Vogel natürlich. Ein ganz schneller Vogel, und keiner könnte mich fangen. Wie der Blitz würde ich am Himmel langsausen!"
„Ich wär lieber ein Elefant", erklärt Minki. „Ein gemütlicher riesen-riesengroßer Elefant. Stärker als alle anderen Tiere. Keiner könnte mir was anhaben."
„Nee", ruft Sandra, „Katze ist besser! Ich will eine Katze sein mit einem weichen Fell, und dann lieg ich in der Sonne und schnurre. Mir kann nämlich auch keiner was anhaben, weil ich ja Krallen hab. Und fauchen kann ich – CCH!"
„Oder eine Libelle", überlegt Karli. „Die sind so schön schillernd."
„Ein Dinosaurier", ruft Sandra.
„Die gibt's gar nicht mehr", sagt Minki. „Löwe wär auch gut! Ein gewaltiger, mächtiger Löwe im Wüstensand."
„Ein Wildpferd!" , schreit Karli.
„Ein Bär", sagt Minki.
„Ein Wolf", ruft Sandra.
„Tja", sagt die Mutter, „und jetzt muss ich die Tiere bitten, ins Bett zu gehen. Den Wolf und den Löwen, die Libelle, den Bären …"

„Die Katze, den Elefanten, das Wildpferd, den Vogel und den Dinosaurier auch", setzt der Vater fort.

Da ziehen sie ab ins Schlafzimmer, brummend und knurrend, piepsend und jaulend und mit schrecklichem Geheul. Und es dauert ein ganze Weile, bis es endlich still wird.

*Gina Ruck-Pauquèt*

# Die Überraschung

Als das kleine Känguru an einem Januarmorgen aufwacht und aus dem Fenster guckt, ist draußen alles weiß. Es hat über Nacht geschneit.

Schnell hüpft das kleine Känguru in die Küche. Es ruft: „Mama, es hat geschneit! Darf ich draußen im Schnee spielen?"

„Später", sagt die Kängurumutter. „Erst gibt es Frühstück."

„Der kleine Hund, die kleine Katze und der kleine Hase sind auch schon draußen", mault das kleine Känguru. „Ich habe sie vom Fenster aus gesehen."

„Bestimmt haben die schon ihr Frühstück gegessen", sagt die Kängurumutter. „Schau doch mal: Hier steht eine große Tasse Pfefferminztee für dich."

„Na gut", sagt das kleine Känguru. „Erst der Tee, dann der Schnee."
Gleich nach dem Frühstück setzt das kleine Känguru seine moosgrüne
Wollmütze auf, bindet den gestreiften Schal um, schlüpft in seine roten,
wasserdichten Stiefel und hüpft los.

„Viel Spaß im Schnee!", ruft ihm die Kängurumutter nach. Aber das hört
das kleine Känguru gar nicht mehr, es ist schon draußen vor dem Haus.
Kaum ist eine Viertelstunde vergangen, da kommt das kleine Känguru
wieder herein.

„Du frierst wohl?", fragt die Kängurumutter.

„Nein, nein", sagt das kleine Känguru. „Du, Mama, kann ich eine Mohrrübe haben?"

„Hast du denn schon wieder Hunger?"

„Nein, nein", antwortet das kleine Känguru. „Ich brauche sie für was
anderes."

Die Kängurumutter staunt. „Das soll wohl eine Überraschung werden?
Also gut, meinetwegen." Sie holt eine Mohrrübe aus der Speisekammer
und gibt sie dem kleinen Känguru.

„Danke, Mama", sagt es und hüpft aus dem Haus.

Es dauert keine zehn Minuten, da kommt das kleine Känguru schon
wieder und fragt: „Du, Mama, kann ich einen Topf haben?"

„Einen Topf?", fragt die Kängurumutter. „Willst du die Mohrrübe darin
waschen, bevor du sie isst?"

„Nein, nein", sagt das kleine Känguru, „ich brauche ihn für was anderes."

„Also gut, meinetwegen", antwortet die Kängurumutter. „Nimm den
blauen Topf hinten im Küchenschrank. Ich bin wirklich gespannt, was
das werden soll."

„Danke, Mama", sagt das kleine Känguru und hüpft aus dem Haus.
Diesmal dauert es keine fünf Minuten, bis das kleine Känguru wieder-
kommt.

„Du, Mama, kann ich ein paar Kohlen haben?", fragt es.

„Kohlen? Ich verstehe: Du willst ein Feuer machen und die Mohrrübe
kochen", sagt die Kängurumutter.

„Nein, nein", sagt das kleine Känguru, „ich brauche sie für etwas anderes."
Es holt sich ein paar Kohlestückchen aus dem Kohleneimer und hüpft aus dem Haus.

Nach drei Minuten kommt es schon wieder hereingehüpft.

„Ich bin gespannt, was du jetzt brauchst", sagt die Kängurumutter.

Das kleine Känguru lacht. „Dich, Mama!"

„Mich? Wozu denn?"

„Zum Gucken. Du musst gucken kommen!" Gemeinsam hüpfen das kleine Känguru und die Kängurumutter nach draußen.

Vor dem Haus steht ein Schneemann mit einer roten Mohrrübennase, mit dicken Kohlenknöpfen auf dem Bauch und rabenschwarzen Kohleaugen. Auf dem Kopf trägt er einen eleganten blauen Topfhut mit zwei Henkeln.

„Das ist wirklich eine Überraschung. So ein schöner Schneemann!" Die Kängurumutter staunt. „Hast du den etwa alleine gebaut?" Das kleine Känguru nickt. „Ganz alleine, Mama."

Es ist wirklich sehr stolz auf seinen Schneemann und kann ihn gar nicht lange genug anschauen. Als die Kängurumutter schon längst wieder im Haus ist, steht das kleine Känguru immer noch bei seinem Schneemann, streicht ihm den Schneebauch glatt, drückt einen Kohleknopf fest oder rückt ihm den Hut zurecht.

Der kleine Hund kommt mit seinem Schlitten vorbei und sieht dem Känguru eine Weile zu.

„Schöner Schneemann!", sagt er anerkennend. „Pass nur auf, dass er nicht gestohlen wird."

„Wer soll ihn denn stehlen?", fragt das kleine Känguru.

„Na, wer schon. Ein Dieb natürlich!", sagt der kleine Hund.

„Dann pass ich eben gut auf ihn auf", beruhigt ihn das kleine Känguru.

„Auch nachts?", fragt der kleine Hund. „Diebe kommen nämlich meistens in der Nacht."

„Nachts?" Das kleine Känguru ist erschrocken.

„Nachts liege ich doch im Bett!"

„Na siehst du. Wir müssen sofort etwas unternehmen", sagt der Hund. „Wir müssen ihn an einen sicheren Ort bringen. Wir stellen ihn auf meinen Schlitten und bringen ihn an einen sicheren Ort, jawoll!"

„Aber wohin?", fragt das kleine Känguru.

„In euren Schuppen", schlägt der kleine Hund vor.

„Nein, nein, da ist es viel zu kalt!", wehrt das kleine Känguru ab. „Was glaubst du, wie der Wind da immer durch die Holzlatten pfeift! Nein, ich weiß was Besseres: Wir stellen ihn in unseren Keller, neben den Heizkessel. Da ist es gemütlich. Da hat er's warm bis morgen früh."

„Auch gut. Hauptsache, er wird nicht gestohlen", sagt der kleine Hund. Vorsichtig heben sie den Schneemann auf den Schlitten. Der kleine Hund zieht am Schlittenseil, das kleine Känguru schiebt und stützt den Schneemann. So ziehen und schieben sie ihn durch die Haustür, lassen den Schlitten mit dem Schneemann langsam die Kellerstufen hinabgleiten, bis schließlich der Schneemann im Heizungskeller steht. Der kleine Hund betrachtet ihn prüfend. „Der ist ziemlich schief geworden", stellt er fest.

„Und einen Knopf hat er auch verloren", sagt das kleine Känguru bekümmert. „Na ja, wenigstens muss er nicht in der Kälte übernachten. Hier hat er's gemütlich warm."

Es schiebt den Schneemann ganz dicht an den Heizungskessel. „Hilfst du mir morgen früh, ihn wieder hochzutragen?", fragt es den kleinen Hund dabei.

„Aber natürlich", antwortet der. „Gleich nach dem Frühstück bin ich bei dir."

Und wirklich kommt der kleine Hund am nächsten Morgen zum kleinen Känguru. Gemeinsam gehen sie in den Keller. Doch da wartet eine böse Überraschung auf sie: Der Schneemann ist weg!

„So eine Gemeinheit! Ein Dieb hat meinen Schneemann geklaut!", ruft das kleine Känguru.

„Nicht nur das! Guck mal: Der Dieb hat auch noch eine wüste Schweine-rei hinterlassen. Der ganze Boden ist nass! Eine riesengroße Pfütze!", ruft der kleine Hund.

„Wie gut, dass es hier im Keller dunkel war", sagt das kleine Känguru.

„Der Dieb hat nicht alles mitgenommen. Eigentlich hat er sogar das Wichtigste dagelassen."

„Das Wichtigste? Was denn?", fragt der kleine Hund.

Das kleine Känguru sagt: „Schau doch: Hier in der Pfütze liegen noch der Topf und die Mohrrübe."

Es hebt den Topf auf und legt die Mohrrübe hinein.

„Guck mal: Und hier liegen auch die Kohlen", stellt der kleine Hund fest, sammelt sie auf und wirft sie zur Mohrrübe in den Topf.

„Da haben wir noch einmal Glück im Unglück gehabt." Das kleine Känguru freut sich schon wieder. „Hut, Nase und Knöpfe sind noch da. Und Schnee gibt's draußen mehr als genug. Weißt du was: Wir bauen einfach einen neuen Schneemann."

Und weil sie den neuen Schneemann zu zweit bauen, wird er sogar so groß, dass ihm der blaue Topfhut drei Nummern zu klein ist.

*Paul Maar*

# Rätsel

Auf einer großen Weide gehen
viel tausend Schafe silberweiß.
Wie wir sie heute wandeln sehen,
sah sie der allerälteste Greis.

Sie altern nie und trinken Leben
aus einem unerschöpften Born.
Ein Hirt ist ihnen zugegeben
mit schön gebognem Silberhorn.

Er treibt sie aus zu goldnen Toren,
er überzählt sie jede Nacht.
Und hat der Lämmer keins verloren,
so oft er auch den Weg vollbracht.

Ein treuer Hund hilft sie ihm leiten,
ein muntrer Widder geht voran.
Die Herde, kannst du sie mir deuten?
Und auch den Hirten zeig mir an.

*Friedrich Schiller*

# Der Löwe und die Maus

Ein Löwe lag in seiner Höhle und schlief; um ihn herum spielten einige lustige Mäuse. Da fiel plötzlich eine auf den Löwen, der wurde wach und packte sie mit seiner gewaltigen Pranke.

„Ach", bat die Maus, „lass mich doch leben. Ich will dir auch helfen, wenn du einmal in Not bist."

Der Löwe musste lachen, weil er sich nicht vorstellen konnte, dass ihm ein Mäuschen jemals würde helfen können. Aber ihm gefiel die kühne Rede des Tierchens, und so ließ er es laufen.

Einige Zeit später geriet der Löwe in eine Falle. In der Nähe aber war die Stelle, wo die Maus in ihrem Erdloch lebte. Als sie den Löwen hilflos im Netz der Jäger sah, lief sie zu ihm und nagte mit ihren spitzen Zähnen eine der Schlingen durch. Dabei lösten sich auch die anderen Knoten, und der Löwe konnte das Netz zerreißen und war wieder frei.

*Aesop*

# Max und viel mehr Schweinchen

*D*a war einmal ein kleiner Junge namens Max, der tat nichts lieber als Geschichten hören. Mal sein Vater, mal seine Mutter erzählten ihm Abend für Abend eine Gutenachtgeschichte. Aber weil Max, sobald die Geschichte zu Ende war, bettelte: „Mehr Geschichten, bitte!", wurden es oft zwei und drei und vier und mehr. Max konnte einfach nicht genug haben und seine Eltern mussten sich bald ein dickes Buch kaufen, das hieß: „Geschichten aus aller Welt". Noch bevor das Buch zu Ende gelesen war, wurde Max sehr krank. Wie er so blass und schwer atmend im Bett lag, schüttelten die Ärzte nur ernst die Köpfe und verschrieben eine Arznei nach der anderen. Doch nichts schien zu helfen. Max' Eltern waren verzweifelt. Das einzige, was Max noch aus seinem Fieber weckte, waren die „Geschichten aus aller Welt".

Eines Abends las sein Vater ihm eine Geschichte vor, in der es um so genannte „Guinea-Schweinchen" ging. Kaum war die Geschichte fertig, bettelte Max nicht um eine weitere Geschichte, sondern sah seinen Vater nur flehend an: „Schweinchen, Papa, bitte!"

Max' Vater schöpfte Hoffnung – vielleicht könnten die Guinea-Schweinchen Max helfen? Sofort machte er sich auf die Suche nach den unbekannten Tieren. Er lief von Geschäft zu Geschäft, doch niemand schien etwas von den Tierchen gehört zu haben. Bis er einem fliegenden Händler begegnete. „Die einzigen, die ich habe", brummte der Händler, „kosten aber extra." Weil er merkte, wie dringend es Max' Vater war, knöpfte er ihm sein ganzes Geld und noch seine Armbanduhr und die Manschettenknöpfe ab, bevor er ihm zwei kleine, quiekende Wuscheltiere überreichte.

Ohne einen Pfennig Geld, aber glücklich die Tierchen gefunden zu haben, eilte der Vater an Max' Krankenbett zurück: „Schau nur, Max, Guinea-Schweinchen!" Max' Augen leuchteten, als er die kuscheligen Schweinchen streichelte, dann flehte er seinen Vater wieder an: „Papa, mehr Schweinchen, bitte!" – „Aber Max! Das geht nicht!" Der Vater rang die Hände. „Das waren die einzigen weit und breit!"

Doch Max lag schon wieder schwach atmend in seinen Kissen und traurig schloss sein Vater die beiden Schweinchen in einen Stall. Als er den Stalldeckel am nächsten Tag öffnete, flüsterte er: „Ein Wunder!" In dem engen Stall tummelten sich zehn der kleinen Wuschelschweinchen. Sofort schnappte er die Tierchen und brachte sie Max. „Mehr Schweinchen! Danke, Papa!" Und wie ein zweites Wunder an diesem Tag ging das Fieber von Max so weit zurück, dass er schon nachmittags mit seinen zehn Schweinchen spielen konnte. Nach einer Woche durfte er das Bett ganz verlassen. Es dauerte nicht lange, da wurden aus den zehn Schweinchen über Nacht 34 Tiere. Von da an hießen die kleinen Tierchen in Max' Familie nur noch „Mehr-Schweinchen", denn es wurden immer mehr.

Der Vater von Max verkaufte die vielen neuen „Mehr-Schweinchen" und verdiente damit viel mehr Geld, als der gierige Straßenhändler ihm abgenommen hatte. Bei dem Namen „Mehr-Schweinchen" ist es bis heute geblieben, obwohl sich inzwischen die Schreibweise etwas verändert hat. Eines ist aber gleich geblieben: Kinder lieben Meerschweinchen und wollen am liebsten immer mehr Meerschweinchen. Dafür passen Meerschweinchen auch besonders gut auf Kinder auf, die krank sind.

*Stephan Geesing*

# Quellenverzeichnis

Buck, Pearl S.: *Der kleine Stern*, aus: Geschichten für kleine Kinder,
© Trauner Verlag, A–Linz/Donau.

Fries, Hans: *Ich will nicht ins Bett, Der Sonnenwürfel, Die weite Welt*,
© Hans Fries, Augsburg.

Geesing, Stephan: *Mondraketenputzfrauenkaffeegeschichte, Früchte-ohne-
Namen, Rückwärts, Ich will nicht alleine feiern, Ein schlauer Fuchs,
Max und viel mehr Schweinchen*, © Stephan Geesing, Stuttgart.

Hoffmann, Carola: *Der Sandmann verschläft, Ungeheuer zur Schlafenszeit*,
© Carola Hoffmann, Augsburg.

Inkiow, Dimiter: *Der Ball, der frische Luft brauchte, Die weiße Katze,
Die kleine Raupe*, © Dimiter Inkiow, München.

Jünger, Brigitte: *Das Gespenst, Der Löwenbändiger, Das Himmelsdrachenfest,
Das neue Zimmer*, © Brigitte Jünger, Köln.

Jung, Jochen: *Der Schneemann*, aus: Ein dunkelblauer Schuhkarton,
© Haymon Verlag, Innsbruck 2000.

Lindgren, Astrid: *Wir schlafen auf dem Heuboden*, aus: Die Kinder aus
Bullerbü, © Verlag Friedrich Oetinger, Hamburg 2001.

Maar, Paul: *Die Überraschung*, aus: Das kleine Känguru und seine Freunde,
© Verlag Friedrich Oetinger, Hamburg 1991.

Nußbaum, Margret: *Sofie und der Mondzwerg, Der Mond und seine Kinder, Das kleine Mädchen und die Katze, Mama, such mich, Lach doch mal, kleiner Igel, Du bist noch viel zu klein*, © Margret Nußbaum, Baesweiler.

Ruck-Pauquèt, Gina: *Ein kleiner Eisbär, Joso will nicht schlafen, Der Wachhund, Alle Tiere ins Bett*, © Gina Ruck-Pauquèt, Bad Tölz.

Scheffler, Ursel: *Der Polarbär reißt aus*, © Ursel Scheffler, Hamburg.

Schweiggert, Alfons: *Was ich heut' Nacht träumen möcht, Gute Nacht und schlaf recht schön, Das Märchen von den Sterntalern, Der Tag war schön, Das Rattatadingsbumsdada, Die Siebenschläfer*, © Alfons Schweiggert, München.

Wir danken allen Lizenzgebern für die freundliche Zustimmung
zum Abdruck dieser Geschichten und Gedichte.
Sollten, trotz intensiver Nachforschungen des Verlages,
Rechteinhaber nicht ermittelt worden sein,
so bitten wir diese sich mit dem Verlag in Verbindung zu setzen.